丛书主编◎陈国荣

育新校本研究成果系列丛书

论语
分类释读

李 宏◎编著

首都师范大学出版社
CAPITAL NORMAL UNIVERSITY PRESS

图书在版编目(CIP)数据

论语分类释读/李宏编著. —北京：首都师范大学出版社，2021.7(2022.6重印)

(育新校本研究成果系列丛书 / 陈国荣主编)

ISBN 978-7-5656-6188-4

Ⅰ.①论…　Ⅱ.①李…　Ⅲ.①阅读课－教学研究－高中

Ⅳ.①G633.332

中国版本图书馆 CIP 数据核字(2020)第 266855 号

LUNYU FENLEI SHIDU
论语分类释读

李　宏　编著

书名题字　叶培贵
责任编辑　钱　浩
首都师范大学出版社出版发行
地　　址　北京市西三环北路 105 号
邮　　编　100048
电　　话　68418523(总编室)　68982468(发行部)
网　　址　http：//cnupn. cnu. edu. cn
印　　刷　河北浩润印刷有限公司
经　　销　全国新华书店
版　　次　2021 年 7 月第 1 版
印　　次　2022 年 6 月第 2 次印刷
开　　本　710mm×1000mm　1/16
印　　张　16.75
字　　数　265 千
定　　价　45.00 元

前　言

　　《论语分类释读》产生于现阶段语文高考指向下经典名著阅读的教学背景，服务于指导高中学生《论语》阅读的实际教学活动。

　　本书是以杨伯峻《论语译注》为原本，选取章节的分合与杨本一致。全书共收录《论语》章节260多条（杨本共512则），可谓"半部论语"。分为"《论语》中的孔子及其门人""德行类""言语类""政事类""文学类"五编。编下又分若干专题（或论题）。《论语》内容博大精深，不是几个论题所能框定的，论题设置不是内容的严格界定，意在大致收拢，联类启思。

　　每个章节的"释读"，选录经典注读或今人评析，包括朱熹《论语集注》、钱穆《论语新解》、鲍鹏山《论语导读》等。释读尽量简明，但在阐明章节大意时，也注重其内涵在今天的应用，以体现经典阅读的"古为今用"；《论语》中孔子的言论，已失去当时具体的言说背景，所以在释读过程中，能搜集到背景的，尽量植入其中，以期准确理解；释读还注重《论语》内各章目的互释，以起到互证互见的作用，也便于同类归结，概括提升。另，《论财富》及《学习的态度（目的）》等部分的内容打破分条释读的常例，进行联类释读，意在引领读者进行专题探讨和研究，提炼思想核心，深化对《论语》重要内容的理解。

　　链接部分，辑入了《孔子世家》，也算为读者提供了一个接近孔子、学习《论语》的人物背景；节录了梁启超等对阅读学习《论语》的建议，可以作为明确学习方向和重点的参考；对应主体部分的《论语释读》附加了二十篇自测试题（也可用于教学检测），读者可以随时考查阅读效果；同时收录了近年北京和全国部分省市有关《论语》阅读的高考试题，以明现实之用。

　　本书雏形实为讲义，整理出版的初心是想为更多学习《论语》的孩子们提供一种整体阅读的方式，为从事一线教学的同人在引领学生阅读的诸多方法中理出一点头绪。但由于本人视野和学养所限，其中定有不当之处，还望大方之家不吝赐教！

目　录

第 一 编

《论语》中的孔子及其门人

　　哲学原本就是"人学"，孔子学说尤是。本编试图汇集《论语》中有关对孔子自身言行印象的直观论述及孔子对其弟子的评价，来显现孔子及其主要弟子形象的大致轮廓。"孔门之学，言即其所行，行即其所言，未尝以空言为学。"(钱穆《论语新解》)儒学从建立之初就讲求"学"与"习"、"认识"与"实践"的相统一。作为儒学创始人的孔子其自身言行是对其学说的践行和最好阐释；而孔子对弟子的评述，也可见孔子的观点和态度。所以在孔门四科(德行、言语、政事、文学)的传统分类的基础上，以"《论语》中的孔子及其门人"为单独一编，置于四科之前，以先了解、接近孔子及其弟子，有助于之后更深入地理解孔子学说。

一、孔子其人

(一)弟子记述

1.《公冶长 5·26》

颜渊、季路侍。子曰:"盍各言尔志。"子路曰:"愿车马,衣轻裘,与朋友共,敝之而无憾。"颜渊曰:"愿无伐善,无施劳。"子路曰:"愿闻子之志。"子曰:"老者安之,朋友信之,少者怀之。"

【译文】

颜渊、子路两人侍立在孔子身边。孔子说:"你们何不各自说说你们自己的志向呢?"子路说:"(我)愿意拿出自己的车马、衣服、皮袍,同我的朋友共同使用,用坏了也不抱怨。"颜渊说:"(我)愿意不夸耀自己的长处,也不表白自己的功劳。"子路对孔子说:"(我们)愿意听听您的志向。"孔子说:"(我的志向是)使年老的人安心,使朋友们信任我,让年轻的子弟们得到关怀。"

【释读】

钱穆《孔子传》:"子路财物与朋友共,是无私己之意;颜渊自财物进于德业,己有善,不自夸,有劳于人,不自感由我施之,尽其在我而泯于人物之迹(界限),此与子路同一心胸,而所学则见其弥进矣;孔子不仅在己心中有'仁',即在与己相处之他人亦愿其同处仁道中,如果孔子此道能获在政治上施展,岂不是推及天下的'仁'吗?"

此章见孔门师弟子之志愿。这也是孔子日常教学的方式及内容。从子路、颜渊所言看,二人皆已有意于孔子所讲传之"仁",但均有各自的局限。子路只有"与人共之"之意,未到由己及人之境。颜渊有由己及人之功,却未到使天下人各得其所的境界。只有孔子自然流露出让所有人各得其所的仁者情怀,显现其阔大胸襟。

2.《述而7·4》

子之燕居(闲居),申申如(舒适自得的样子)也;夭夭如(温和愉快的样子)也。

【译文】

孔子在家闲居的时候,神态舒展,温和愉悦。

【释读】

孔子闲居时的仪容、态度和神色,在《论语》中颇有记载。这一章提到孔子在家闲居时,心中无事,容颜舒展,表现了孔子的心安理得、温和愉快的心情,其坦荡胸怀自现。孔子生活时有所乐、时有所忧。他所忧的不是个人的利禄穷通,而是德业的进修、仁政的施行;他虽心忧天下但始终有自己的坚定信念,所以能达观快乐。这样的气象,正可看出孔子的为人,纵然一生经受困厄挫折,但不以个人为忧,故能自得其乐。

3.《述而7·13》

子之所慎:齐①、战、疾。

【注释】

①齐:同"斋",斋戒。古人在祭祀前要沐浴更衣,不吃荤,不饮酒,不与妻妾同寝,整洁身心,表示虔诚之心,这叫作斋戒。

【译文】

孔子谨慎小心对待的是斋戒、战争和疾病(这三件事)。

【释读】

本章记孔子平生敬慎的三件事:斋戒、战争和疾病。

三件事具有概括性:斋戒是以恭敬之心对待神灵,表现天人关系;以谨慎之心处理战争,是表现对国家存亡、百姓安危的态度;以小心谨慎的态度对待疾病,是对个人生命的珍重和对孝道的维护。三个层面可以看出孔子凡事尽人事的积极态度和仁者胸怀。

4.《述而 7·18》

子所雅言①，《诗》、《书》、执礼，皆雅言也。

【注释】

①雅言：周王朝的京畿之地在今陕西地区，以陕西语音为标准音的周王朝的官话，在当时被称作"雅言"。孔子平时谈话时用鲁国的方言，但在诵读《诗》、《书》和赞礼时，则以当时陕西语音为准。

【译文】

孔子讲雅言（普通话）的地方，读《诗》、念《书》、赞礼时，全都是说的雅言（普通话）。

【释读】

《论语译注》（杨伯峻）：春秋时各国语言不能统一，不但可以想象得到，即从古书中也可以找到证明。

钱穆《论语新解》："古西周人语称雅，故雅言又称正言，犹今称国语、标准语（普通话）；孔子常以诗书教，诵诗、读书，必以雅音读之。执掌礼事，亦必用雅言。孔子鲁人，日常操鲁语，有时讲雅言。惟于此三者必雅言。孔子之重雅言，一则重视古代（西周）文化的传统，一则抱天下一家之理想。"

由钱穆先生所解可知孔子所重雅言的背后，一是传承古代文化的志向，一是实现天下一家的理想。

5.《述而 7·21》

子不语怪、力、乱、神。

【译文】

孔子不谈论怪异、暴力、变乱、鬼神（之事）。

【释读】

《论语》中，很少见到孔子谈论怪异、暴力、变乱、鬼神，但却说他"敬鬼神而远之"。谢良佐曾注解说："圣人语常而不语怪，语德而不语力，语治而不语乱，语人而不语神。"（《论语说》）意思是，孔子只谈正常的自然现象而不谈怪力，谈道德教化而不谈勇力，谈为政治国和应尽之事，而不谈鬼神玄远难知之事。但于此三点，孔子并不绝对，他偶尔谈及这些问题时，都是有条件、有特定环境的。此章阐述了孔子注重现实人生的倾向性，表现其理性开明的人文精神。

6.《述而7·32》

子与人歌而善，必使反之，而后和之。

【译文】

孔子与别人（一起）唱歌，如果遇人唱得好，一定要请（他）再唱一遍，然后再和他同唱。

【释读】

钱穆《论语新解》："本章见孔子之爱好音乐，又见其'乐（lè）取于人以为善'之美德。遇人歌善，必使其重复再歌，细听其妙处，再与之相和而歌。"

《乐记》："夫乐者，乐也，人情之所不能免也。""礼以道其志，乐以和其声。""礼节民心，乐和民声。"

音乐，能和谐内心，怡人性情。所以中国古代音乐，很重和谐。《礼记·乐记》对此多有论述。

《述而7·14》有："子在齐闻《韶》，三月不知肉味。"孔子对于音乐的爱好之甚，恐不止于其天性，更有研习礼乐的教化功能之意；对于好的音乐，他沉浸其中，反复欣赏品味，也是在体会"乐"之于人心人情的作用。孔子对音乐的"和"的作用有深入的体会和践行，所以他请人歌唱，人唱得好，一定请人再唱一遍，然后跟人和唱。请人再唱，是孔子"取人之善"的表现；与人同唱，则是在进行情感的交流和沟通，以求得心灵的和谐。

7.《述而7·38》

子温而厉，威而不猛，恭而安。

【译文】

孔子温和而又严厉，威严而不凶猛，庄重而又安详。

【释读】

这是孔子的学生对孔子的赞扬。

孔子认为人有各种欲与情，这是因顺自然的，但人所有的情感与欲求，都要合于"中和"的原则。"厉""猛"等都有些"过"，而"不及"同样不可取。所以孔子之"厉"以"温"为底色，孔子之"威"以"不猛"为节制，庄重而不呆板，安详而不失范，刚柔适中、温和舒泰，其神色正符合中庸的原则，是"修于内而发于外"而达到的境界，由此亦可想见孔子修养功夫之深厚。

8.《子罕 9·4》

子绝四——毋意，毋必，毋固，毋我。

【译文】

孔子弃绝了四种（自我的）毛病，（他）不主观猜疑，不绝对肯定（不武断），不固执己见，不唯我独是。

【释读】

"绝四"或"四毋"是孔子道德修养的一大特点，是孔子认识论中客观、理性精神的体现。孔子强调对事物的认识和判断，要客观而不臆断，要合度而不极端，要灵活而不固执，而且要避免自以为是。人只有首先做到这几点才可以完善道德，修养高尚的人格。孔子之"内圣"，也由此可见。

9.《子罕 9·11》

颜渊喟然叹曰："仰之弥高，钻之弥坚，瞻之在前，忽焉在后。夫子循循然善诱人，博我以文，约我以礼，欲罢不能，既竭吾才，如有所立卓尔。虽欲从之，未由也已。"

【译文】

颜渊感叹地说："（对于老师的学问与道德，）我抬头仰望，（却）越望越觉得高；我努力钻研，（却）越钻研越觉得不可穷尽。看它好像在前面，却突然又到了后面。老师善于一步一步地诱导我，用各种典籍来使我的知识丰富，又用各种礼节来约束我的言行，我想停止学习都不可能，直到我用尽了我的全力,(感觉)好像(仍)有一个十分高大的东西立在我前面,虽然我想要追随而去,(却又)没有办法。"

【释读】

本章是颜渊对自己的老师孔子道德学问的极力推崇,在颜渊看来,孔子之学高不可攀,深不可测,教育学生能够"博文约礼",并且"循循善诱"。这应该是作为道德第一的颜渊对孔子崇高而又恰当的赞誉。

10.《乡党10·1》

孔子于乡党,恂恂如也,似不能言者。其在宗庙、朝廷,便便言,唯谨尔。

【译文】

孔子在本乡,显得很温和恭敬,像是不会说话的样子;但他在宗庙里、朝廷上,却很善于言辞,只是说得比较谨慎而已。

【释读】

钱穆《论语新解》:"恂恂,温恭信实之貌。似不能言,谦卑逊顺,不欲以己之贤知先人(将他人比下去)。乡党乃父兄宗族之所在,孔子居乡党其容貌辞气如此。便便言,一说,辩也;一说,闲雅之貌。唯谨尔,宗庙朝廷,大礼大政所在,有所言,不可不明而辩,惟当谨敬而已。"

孔子之言,合于时合于地,自然合于"礼",是其内心修养外化于言的结果。

11.《先进11·12》

季路问事鬼神。子曰:"未能事人,焉能事鬼?"曰:"敢问死。"曰:"未知生,焉知死?"

【译文】

季路问事奉鬼神的事。孔子说:"(还)没能事奉好(活着的)人,怎么能(去)事奉鬼呢?"季路说:"请问死是怎么回事?"(孔子回答)说:"还不知道活着(的道理),怎么能知道死(的事情)呢?"

【释读】

孔子这里讲的"事人"，指事奉君、父。在君和父活着的时候，如果不能尽忠尽孝，他们死后也就谈不上孝敬鬼神了，他希望人们能够及时以尽忠孝。

本章表明孔子在鬼神、生死问题上的基本态度，他对待鬼神存而不论，也不把注意力放在死后或来世，着眼现世、现实以尽己修为，是孔子哲学的现实理性精神。这一章为他所说的"敬鬼神而远之"做了注脚。参见本篇第5。

12.《子张 19•23》

叔孙武叔语大夫于朝曰："子贡贤于仲尼。"子服景伯以告子贡。子贡曰："譬之宫墙，赐之墙也及肩，窥见室家之好。夫子之墙数仞，不得其门而入，不见宗庙之美，百官之富。得其门者或寡矣。夫子之云，不亦宜乎！"

【译文】

叔孙武叔在朝廷上对大夫们说："子贡比仲尼更贤明啊！"子服景伯把这话告诉了子贡。子贡说："譬如人家的围墙吧！我家的围墙只到肩的高度，（人在墙外就）可以看到屋内好的摆设。而老师家的墙高几仞，如不能从大门进去，你就看不见里面宗庙和房屋的富丽堂皇。能够找到门进去的或许太少了。叔孙武叔那么讲，不也是很自然的吗？"

【释读】

略，见本篇 14 后"总释"。

13.《子张 19•24》

叔孙武叔毁仲尼。子贡曰："无以为也！仲尼不可毁也。他人之贤者，丘陵也，犹可逾也；仲尼，日月也，无得而逾焉。人虽欲自绝，其何伤于日月乎？多见其不知量也。"

【译文】

叔孙武叔毁谤仲尼。子贡说："（这样做）是没有用的！仲尼是毁谤不了的。别人的贤德好比丘陵，还可超越过去；仲尼好比太阳和月亮，是无法超越的。虽然有人要自绝(于日月)，(可)对日月又有什么损害呢？只是表明他不自量力罢了。"

【释读】

略，见本篇14后"总释"。

14.《子张 19·25》

陈子禽谓子贡曰："子为恭也，仲尼岂贤于子乎?"子贡曰："君子一言以为知，一言以为不知，言不可不慎也。夫子之不可及也，犹天之不可阶而升也。夫子之得邦家者，所谓立之斯立，道之斯行，绥之斯来，动之斯和。其生也荣，其死也哀，如之何其可及也?"

【译文】

陈子禽对子贡说："你是故作谦恭的吧，仲尼怎么能比你更贤明呢?"子贡说："君子只听人一句话就可以认为那人是智者，只听一句话也可以认为他是不智者，所以说话不可以不慎重。夫子的高不可及，正像天是不能够顺着梯子爬上去的一样。夫子如果得国(而为诸侯)或得到采邑(而为卿大夫)，那就会像人们说的那样，教百姓立于礼，百姓就会立于礼；引导百姓，百姓就会跟着走；安抚百姓，百姓就会归顺；动员百姓，百姓就会齐心协力。(他)活着时是十分荣耀的，(他)死后，大家会极尽哀痛。我怎么能赶得上他呢?"

【总释】

以上12至14章，都是子贡回答别人贬低孔子而抬高自己的问话。子贡对孔子十分敬重，认为他高不可及。孔子殁后，其弟子皆结庐守墓，服丧三年，唯子贡思慕情深，三年之后复独居三年始归。后人于子贡守墓处立"子贡庐墓处"石碑，以示纪念。这几章都写子贡对毁谤老师之言的驳斥，从此见孔子师生之情深；亦不唯见子贡对于孔子之深识，更见孔子教育精神及影响之伟大。

【注】孔子活动起居之礼多见于《论语·乡党篇第十》。"本篇(《论语·乡党篇》)记孔子居乡党日常容色言动，以见道之无不在，而圣人之盛德，亦宛然在目矣。"(钱穆《论语新解》)

(二)时人评孔子

1.《八佾3·24》

仪封人请见，曰："君子之至于斯也，吾未尝不得见也。"从者见之。出曰："二三子何患于丧①乎？天下之无道也久矣，天将以夫子为木铎②。"

【注释】

① 丧：丧失，丧失官职，指没事可做。②木铎(duó)：铜质木舌的铃铛。古时召集众人、传达号令时摇动木铎，其功用似后期的钟，有警示的作用。

【译文】

仪地的守边官吏请求孔子之徒把自己引见给孔子，他说："凡是来到这个地方的有道德学问的人，我都不曾不和他们见面。"随从的弟子终于让他见到了孔子。他告辞出来后，对孔子的弟子们说道："你们几个人何必要担心没有事做呢？天下无道已经很久了，上天必将起用夫子做个教化民众、唤醒世人的木铎。"

【释读】

天下纷乱已久，人心已经倦怠，但只要还有像孔子这样在孜孜不倦地追求真理之人，这个世界终归还是有希望的。

仪地的这位官员像是个隐居之人，他虽然职位低微，但每逢有道德有学问的人路过此地，他总要见上一面并与之交谈。这一次他虽然一开始被挡驾了，但还是以其诚恳见到了孔子，他对孔子"天将以夫子为木铎"的评价，表明他对孔子其人影响和价值的高度肯定。他对孔门弟子说的话似乎应该这样理解：在文化凋零、人心涣散的时代，所幸上天降生了孔子，你们这些人肩负着用道德文化影响世人的重任，还愁没有事情可做吗？教化世人的重任，难道不比非要挤进狭窄的仕途更理想吗？

孔子以启导世人为己任，以自己独有的方式参与政治，而这种参与恰是济世救人的治本之策。

2.《宪问 14·38》

子路宿于石门。晨门曰:"奚自?"子路曰:"自孔氏。"曰:"是知其不可而为之者与?"

【译文】

子路夜里在石门住宿,早上看守城门的人问:"(你)从哪里来?"子路说:"从孔子那里来。"看门的人说:"是那个明知做不到却还要去做的人吗?"

【释读】

孔子"知其不可而为之",反映出他求道、传道的执着精神。

有人说此门者,大概是一隐者,知世之不可为,而以讥孔子;却不知孔子之"知其不可为而为",乃是一种知命之学,世不可为是天意,而"我之不可不为"则仍是天意。孔子明天意使命,更于此使命知难而进,不违不弃,表现出非同寻常的意志力,体现了作为"圣人"的孔子其超绝的一面。从这个看门人的话中,我们也可以看出当时的人对孔子的一种评价。

3.《微子 18·6》

长沮、桀溺耦而耕。孔子过之,使子路问津焉。

长沮曰:"夫执舆者为谁?"

子路曰:"为孔丘。"

曰:"是鲁孔丘与?"

曰:"是也。"

曰:"是知津矣。"

问于桀溺。

桀溺曰:"子为谁?"

曰:"为仲由。"

曰:"是孔丘之徒与?"

对曰:"然。"

曰:"滔滔者天下皆是也,而谁以易之?且而与其从辟人之士也,岂若从辟世之士哉?"耰而不辍。

子路行以告。

夫子怃然曰："鸟兽不可与同群，吾非斯人之徒与而谁与？天下有道，丘不与易也。"

【译文】

长沮、桀溺（两位隐者）在一起耕种，孔子路过，让子路去寻问渡口在哪里。长沮问（子路）："那个拿着缰绳的是谁？"

子路说："是孔丘。"

长沮说："是鲁国的孔丘吗？"

子路说："是的。"

长沮说："那他知道渡口的位置了。"

子路再去问桀溺。

桀溺说："你是谁？"

子路说："我是仲由。"

桀溺说："你是鲁国孔丘的门徒吗？"

子路说："是的。"

桀溺说："天下都是一样，像水流滔滔一般，你们同谁去改变它呢？而且你与其跟着躲避人的人，为什么不跟着我们这些躲避社会的人呢？"一面说一面不停地把土平地。

子路回来后把情况报告给孔子。

孔子怅然地说："人是不能与飞禽走兽合群共处的，如果不同世上的人群打交道还与谁打交道呢？如果天下太平，我就不会与他们（说服掌权者）一道来从事变革了。"

【释读】

此章划分了儒、道（隐者）之分，避政（避开坏的政治）与避世（干脆不问世事）之别。

后世士大夫"身在江湖，心存魏阙"，总难忘情于国家大事，总与政治相关联，这是儒学传统，也是中国知识分子的文化心理特征之一。从屈原到鲁迅，从先秦诸圣哲到现代新儒家，莫不如是。范仲淹"居庙堂之高则忧其民，处江湖之远则忧其君""先天下之忧而忧，后天下之乐而乐"的表达，是对此心理的高度概括。此态度亦常发之于感叹，如《论语》此章，可见孔子之情不同隐者之情。

(三)天命思想

1.《述而 7 · 23 》

子曰："天生德于予，桓魋(tuí)其如予何？"

【译文】

孔子说："上天把德赋予了我，桓魋能把我怎么样？"

【释读】

公元前 492 年，孔子从卫国去陈国时经过宋国，在此停留。桓魋听说以后，带兵要去害孔子。当时孔子正与弟子们在大树下演习周礼的仪式，桓魋砍倒大树，而且要杀孔子，孔子急忙在学生的保护下，离开了宋国，在逃跑途中，他说了这句话。他认为，自己是有仁德的人，而且是上天把仁德赋予了他，所以桓魋对他是无可奈何的。

2.《子罕 9 · 5》

子畏于匡^①，曰："文王既没，文不在兹乎？天之将丧斯文也，后死者^②不得与^③于斯文也；天之未丧斯文也，匡人其如予何？"

【注释】

①畏于匡：匡，地名，在今河南省长垣县西南。畏，受到威胁。公元前 496 年，孔子从卫国到陈国去经过匡地。匡人曾受到鲁国阳虎（或曰阳货）的掠夺和残杀。孔子的相貌与阳虎相像，匡人误以为孔子就是阳虎，所以将他围困。②后死者：孔子这里指自己。③与：同"举"，这里是掌握的意思。

【译文】

孔子被匡地的人们围困时，说："周文王死了以后，周代的礼乐文化不都体现在我的身上吗？上天如果想要消灭这种文化，那我就不可能掌握这种文化了；倘若上天不消灭这种文化，那匡人又能把我怎么样呢？"

【释读】

钱穆《论语新解》："孔子临危，每发信天知命之言。盖孔子自信极深，认为己之道，即天所欲行于世之道。自谦又甚笃，认为己之得明于此道，非由己之知力，乃天意使之明。此乃孔子之内心诚感其如此，所谓'信道笃而自知明'，非于危难之际所能伪焉。"

外出游说时被围困，对孔子来讲已不是第一次，这次是误会。孔子坚信自己是周文化的继承者和传播者，并认定这是上天所赋予之责任。但当他屡遭困厄，深感到个人局限性时，也会把不能实现理想归因于"天命"，此两端都表明他的天命观。

3.《宪问 14•36》

公伯寮①愬②子路于季孙。子服景伯③以告，曰："夫子固有惑志于公伯寮，吾力犹能肆诸市朝④。"

子曰："道之将行也与，命也；道之将废也与，命也。公伯寮其如命何！"

【注释】

①公伯寮：孔子的学生，曾任季氏的家臣。②愬：同"诉"，告发，诽谤。③子服景伯：鲁国大夫，姓子服名伯，景是他的谥号。④肆诸市朝：古时处死罪人后陈尸示众。

【译文】

公伯寮向季孙诽谤子路。子服景伯把这件事告诉了孔子，说："季孙氏已经被公伯寮迷惑了，但我还有力量能够使他陈尸于市。"

孔子说："道能够得到推行呢，那是天命；道不能得到推行呢，那也是天命。公伯寮能把天命怎么样呢？"

【释读】

在本章里孔子又一次谈到自己的天命思想。"道"能否推行，在天命而不只在人为。可见上章。

《礼记•檀弓上》记载，孔子七十三岁时，有一天早晨起来，背手拄杖，逍遥地唱道："泰山其颓乎？梁木其坏乎？哲人其萎乎？"唱完后，他进屋冲门坐下。子贡听出歌中的含义，赶紧进屋问候。孔子说："子贡你来得多么晚啊！"然后告诉子贡自己做的一个梦，孔子由梦而知自己是殷人之后，将不久于人世(丘也，殷人也。……予殆将死也)。七天后，孔子果然去世了。

【注】此篇内容也可参见"孔子与道"中第 3、4、6 等相关内容。

(四)等级观念

1.《泰伯 8 · 9》

子曰："民可使由之，不可使知之。"

【译文】

孔子说："(在上位的人指导民众，有时只)可以让老百姓按照我指引的道路而行，没必要让他们知道我所指导的用意。"

【释读】

孔子具有民本思想，人民应该成为其道德关心的对象，这是儒家思想进步的一面，而此章中又带有明显的施授意味，是对人民智力的低估，也是对人民参与政事权力的剥夺。这是孔子思想的历史局限性。在那个时代，教育不能普及，所以民智不可能大面积开发，基于这种情形，孔子有这样的言论，亦在所难免。这种认识的倾向性还见于《史记·滑稽列传》载西门豹言："民可以乐成，不可以虑始。"《史记·商君列传》："民不可以虑始，而可以乐成。论至德者不和于俗，成大功者不谋于众。"孔子的观点在那个时代具有普遍性。可见圣人在某种程度上也不可能完全超越自己所生活的社会和时代。

2.《子路 13 · 4》

樊迟请学稼。子曰："吾不如老农。"请学为圃。曰："吾不如老圃。"樊迟出。子曰："小人哉，樊须也！上好礼，则民莫敢不敬；上好义，则民莫敢不服；上好信，则民莫敢不用情。夫如是，则四方之民襁负其子而至矣，焉用稼？"

【译文】

樊迟向孔子请教种庄稼的事。孔子说："我不如老农。"樊迟又请教如何种菜。孔子说："我不如老菜农。"樊迟退出以后，孔子说："樊迟啊！真是一个在野小人了！在上位者只要重视礼，老百姓就不敢不敬畏；在上位者只要重视义，老百姓就不敢不服从；在上位者只要重视信，老百姓就不敢不用真心实情来对待你。要是做到这样，四面八方的老百姓就会背着自己的小孩来投奔，哪里用得着自己去种庄稼呢？"

【释读】

此章可见孔子教育学生的目的在于为统治者培养人才。

他认为在上位的人不需要学习稼圃之事，只要重视礼、义、信就足够了。他培养学生是为让他们从政为官。孔子时代，接受教育的人毕竟是少数，劳动者只要有充沛的体力就可以从事农业生产；而教育所面向的是统治阶级所需要的知识分子。这在当时的历史条件下有其合理性。此种观点也可参见"劳心者治人，劳力者治于人"（《孟子·滕文公章句上》），"君子劳心，小人劳力，先王之制也"（《左传·襄公九年》）等。

3.《阳货 17·3》

子曰："唯上知与下愚不移。"

【译文】

孔子说："只有上等的智慧的人与下等的愚蠢的人是不能改变的。"

【释读】

"上智"是指高贵而有智慧的人；"下愚"指卑贱而又愚蠢的人，这两类人是先天决定的，是教化所不能改变的。孔子说过"生而知之者上也"（《季氏16·9》），这里的上智可能就是指"生而知之的人"。

（五）孔子之学

孔子思想中，"学"与"教"是其中重要的部分；而孔子"学"与"教"之行，是其思想付诸实践的明证，与其思想实为一体。钱穆先生在《孔子传》序言中说："凡属孔子之学术思想，悉从其所以自为学与其教育事业之所至为主要中心，孔子毕生志业，可以由此推见。而孔子之政治事业，当为其以教以学之当境实践之一部分。"由此，"孔子其人"专题，"孔子之学"与"孔子之教"应为必不可少的部分；而孔子的治政与有关治政的言论，另编在"论为政"专题里。在此说明。

1.《为政2·4》

子曰："吾十有五而志于学，三十而立，四十而不惑，五十而知天命，六十而耳顺，七十而从心所欲，不逾矩。"

【译文】

孔子说："我十五岁，有志于学；三十岁时，说话做事能坚定自立了；四十岁时，（对于一切事理都）能够明白不致迷惑，到五十岁，我能知道什么是天命了；六十岁，一听别人言语，都能明白贯通，不再有违逆之感；到了七十岁，即使随心所欲，都不会越出规矩。"

【释读】

此章是孔子谈自己追求道德人生的人生阶段。每一阶段都有所成就，也都有所不足，还待更好地"切磋""琢磨"。七十岁，能够从心所欲而不逾矩，才算进入了人生的化境。孔子所谓"天命"，"大致应当包括人与自然的关系，人与社会的关系，人的命运，人的道德责任，为人的准则，人格等丰富含义"（鲍鹏山《论语导读》）。

此章理解也可参考钱穆《论语新解》同章解读。

2.《八佾3·15》

子入太庙，每事问。或曰："孰谓鄹人之子知礼乎？入太庙，每事问。"子闻之，曰："是礼也。"

【注释】

太庙：君主的祖庙。鲁国太庙，即周公旦的庙，供鲁国祭祀周公。鄹(zōu)：春秋时鲁国地名，又写作"陬"，在今山东曲阜附近。"鄹人之子"指孔子。

【译文】

孔子到了太庙，每件事都要问。有人说："谁说那个鄹邑的人懂得礼呀？他到了太庙里，什么事都要问别人。"孔子听到此话后说："这就是礼呀！"

【释读】

懂"礼"不是懂得礼的知识，而是懂得礼的精神。"礼始于敬，终于和"，"不懂就问"正是诚敬精神的表现。

也有人认为此章说明孔子并不以圣人自居，虚心向别人请教的品格，也表现孔子"慎礼"的态度。孔子虽博学多闻，但他知道学习是一个过程，知礼也需要一个过程。对于自己不懂的礼制、礼仪、文物，孔子以实事求是、虚心学习的态度对待，这符合礼的规范。

据钱穆《论语新解》，孔子不是不知鲁太庙摆放的种种礼器与仪文，然此等多属僭礼，不当陈设于太庙里，又不能明说（训斥），所以明知故问。孔子入太庙而每事问，事正类此。此乃一种极委婉而又极深刻之讽刺与抗议。浅人不识，疑孔子不知礼，孔子亦不明辨，只反问此礼邪？（此种理解应为反问语气"是礼也？"）"孔子非不知此种种礼，特谓此种种礼不当在鲁之太庙中。每事问，冀人有所省悟。"

对鲁太庙陈设僭礼的委婉讽刺，是钱穆先生的另一种理解。

3.《公冶长 5·28》

子曰："十室之邑，必有忠信如丘者焉，不如丘之好学也。"

【译文】

孔子说："即使只有十户人家的小村子，也一定有像我这样讲忠信的人，只是不如我好学罢了。"

【释读】

此章表现孔子的自省和自知。孔子坦言，自己的忠信并不是最突出的，因为在只有十户人家的小村子里，就有像他那样讲求忠信的人。但他肯定自己的好学，这与孔子一贯认为自己并非"生而知之"者同。"好学"之德，是孔子一以贯之的精神核心。见本篇第 7。

4.《述而7·2》

子曰："默而识之，学而不厌，诲人不倦，何有于我哉？"

【译文】

孔子说："默默地记住（所学的知识），学习而不觉得厌烦，教人而不知道疲倦，这对我能有什么困难呢？"

【释读】

这一章谈论孔子的治学、讲学的态度和方法。"信而好古"（以信为前提，喜爱古代文化）（《述而7·1》）是其学习态度；"默而识之"是其学习方法；"学而不厌"是学习的态度和毅力；"诲人不倦"，是其为师之道。

5.《述而7·3》

子曰："德之不修，学之不讲，闻义不能徙，不善不能改，是吾忧也。"

【译文】

孔子说："不培养品德；不讲习学问；听到义在那里，却不能亲身赴之；有缺点不能改正，这些都是我忧虑的啊！"

【释读】

孔子以"四不"之事为忧，并借此勉人。孔子所忧，不是个人处境的穷达顺逆，而是有关修德、讲学、徙义、改过之事，由"忧"而奋发图强，躬行实践，才可以达至人格的完善，道德的圆满，也才能经时济世，人生有为进而实现人生的价值。

6.《述而7·17》

子曰："加我数年，五十以学《易》，可以无大过矣。"

【译文】

孔子说："再给我数年时光，到五十岁学好《易》，也许就可以没有大错误了。"

【释读】

朱熹《四书章句集注》："学《易》，则明乎吉凶消长之理、进退存亡之道，故可以无大过。"

孔子晚年喜欢读《周易》，《史记·孔子世家》中说，孔子"读《易》，韦编三绝"，因为勤读，以至于曾把穿竹简的皮条翻断了很多次。《周易》涉及人生、世道、命运和哲理，是某种宇宙观和人生论，孔子晚年之所以好易弥笃，并且把五十岁学好《周易》就可以避免犯大错误当作人生体会来总结，以孔子之"好学"，当是从《周易》中获得了宝贵的，有益人生、裨益儒学的大道理。

7.《述而 7·19》

叶公问孔子于子路，子路不对。子曰："女奚不曰，其为人也，发愤忘食，乐以忘忧，不知老之将至云尔。"

【译文】

叶公向子路询问孔子是个什么样的人，子路一时没能回答。（回来告诉孔子，）孔子（对子路）说："你为什么不这样说，他这个人呀，发愤用功，连吃饭都忘了，心感快乐，把一切忧虑都忘了，连自己快要老了也不知道，如此说罢了。"

【释读】

钱穆《论语新解》："此章乃孔子自述。孔子生平，惟自言好学，而其好学之笃有如此。学有未得，愤而忘食；学有所得，乐以忘忧。学无止境，斯孔子之愤与乐亦无止境。如是孜孜，惟日不足，而不知年岁之已往，斯诚一片化境。今可稍加阐释者，凡从事于学，必当从心上自知愤，又必从心上自感乐。从愤得乐，从乐起愤，如是往复，所谓'纯亦不已（专注一件事而不停止）'，亦即'一以贯之'。此种心境，实所谓孔子之所谓仁，此乃一种不厌不倦、不息不已之生命精神。见于行，即孔子之所谓道。下学上达，毕生以之。然则孔子之学与仁与道，亦即与孔子之为人合一而化，斯其所以为圣。言之甚卑近，由之日高远。圣人之学，人人所能学，而终非人人所能及；而其所不能及者，则仍在好学之一端。此其所以为大圣欤！学者就此章，通之于《论语》全书，入圣之门，其在斯矣。"

钱穆先生此章对孔子"好学"之描述和孔子"一以贯之"之道的概括，实在值得深思玩味。

8.《述而 7·20》

子曰："我非生而知之者，好古，敏以求之者也。"

【译文】

孔子说："我并不是一个生来就有知识的人，而是一个爱好古代的东西，勤奋敏捷地去求得知识的人。"

【释读】

此章是孔子再言自己并非"生而知之者"而是后天努力学习的结果。不炫耀自己的聪明智慧，不宣扬神异奇迹，总是强调孜孜不倦地学习，正是孔子自身和孔子学说的突出特点。参见上章之"好学"。

9.《述而 7·22》

子曰："三人行，必有我师焉。择其善者而从之，其不善者而改之。"

【译文】

孔子说："三个人在一起走路，里面一定有我的老师。我选择他善的品德向他学习，不善的地方就作为借鉴，改掉自己的缺点。"

【释读】

孔子的"三人行，必有我师焉"，直到今天仍有其积极的意义和可贵的价值，反映了孔子时时处处虚心向别人学习的精神。而且他不仅以善者为师，也以不善者为师，以人为鉴，改正自己的过错，这是孔子自我修养的途径。

10.《述而 7·28》

子曰："盖有不知而作之者，我无是也。多闻，择其善者而从之，多见而识之，知之次也。"

【译文】

孔子说："大概有这样一种人，他们什么都不懂却在那里凭空创造，我没有这样做过。多听，选择其中好的来学习；多看，然后把所得记在心里面，这是(比生而知之者)次一等的智慧。"

【释读】

本章里，孔子提出对自己所不知的东西，应该多闻、多见，努力学习，反对那种本来什么都不懂，却在那里凭空创造的做法。表明孔子重往昔经验、重学习实践的主张。

11.《述而 7·30》

子曰："仁远乎哉？我欲仁，斯仁至矣。"

【译文】

孔子说："仁难道离我们很远吗？我想要仁，仁就来了。"

【释读】

孔子言仁道不远，求仁不难，行之在我。

由于孔子平时不轻易以仁者的美名赞许任何人，所以弟子们总觉得"仁"是遥不可及的理想人格典型。所以孔子又说，仁德并不遥远，就存在于我们自己的心性之中，不假外求；而为仁就全靠自身的努力，不能依靠外界的力量。"我欲仁，斯仁至矣"，强调修养"仁德"要靠自觉，经过不懈的努力，就有可能达到仁的境界。孔子又说："为仁由己，而由人乎哉？"(行仁德靠自己，难道还在于别人吗？)(《颜渊 12·1》)

人的主观能动性，是修养身心的动力之源。

12.《述而 7·34》

子曰："若圣与仁，则吾岂敢？抑为之不厌，诲人不倦，则可谓云尔已矣。"公西华曰："正唯弟子不能学也。"

【译文】

孔子说："如果说到圣与仁，那我怎么敢当呢！不过（向圣与仁的方向）努力而不感到厌烦，教导别人也从不感到疲倦，那我则可以说是这样的了。"公西华说："这正是我们学不到的。"

【释读】

在《述而7·2》，孔子曾谈及"学而不厌，诲人不倦"，这里又说"为之不厌，诲人不倦"，其内涵是一致的。

孔子不敢以圣与仁自居，谦称自己只是不断学习和不倦教诲而已。孔子心目中最高的人格典范是"圣人"，其次为"仁人"。"圣人"具有完美的人格，可以广泛施惠黎民，普救众生，发挥其开创力量，完成安顿天下的鸿业；"仁人"在兼善天下的能力、格局上，稍逊于"圣人"，但他仍能从具体而微的生存感受出发，践行自己的道德理想，并且影响他人，达到"己欲立而立人，己欲达而达人"的境界。

孔子所言"为之不厌，诲人不倦"，虽非"圣人""仁人"的境界，但却是通向"圣人""仁人"的途径。

本章可参见，子贡曰："如有博施于民而能济众，何如？可谓仁乎？"子曰："何事于仁？必也圣乎！尧舜其犹病诸。夫仁者，己欲立而立人，己欲达而达人。能近取譬，可谓仁之方也已。"（《雍也6·30》）

13.《卫灵公15·31》

子曰："吾尝终日不食，终夜不寝，以思，无益，不如学也。"

【译文】

孔子说："我曾经整日不吃饭、整夜不睡觉来思考，结果没有什么长进，还不如（去向别人）学习为好。"

【释读】

此章所述是孔子对"思"与"学"关系的实践和体会。孔子曾说："学而不思则罔，思而不学则殆。"（《为政2·15》）

思是理性活动，可以是"学""行"的反思和道理的概括、升华，是实现融会贯通、"一以贯之"的手段。但只思不学，就会断绝"源头活水"，使思想僵化枯竭。儒家学说重实践，重理性，所以学思结合才是使人不断进步提高的必由之路。

此章可与《劝学》中"吾尝终日而思矣，不如须臾之所学也"联系体会。

(六)孔子之教

1.《为政2·10》

子曰："视其所以，观其所由，察其所安，人焉廋哉？人焉廋哉？"

【译文】

孔子说："（要了解一个人，）应看他做的事（朱熹解：'以，为也。为善者，为君子；为恶者，为小人。'），观察他言行的动机，考察他安心于什么，这样，这个人怎能隐藏得了呢？这个人怎能隐藏得了呢？"

【释读】

本章是孔子教人观察人的方法。

孔子认为，对人应当听其言而观其行，还要看他做事的心境，从他的言论、行动到他的内心，全面了解观察一个人，那么这个人就没有什么可以隐藏的了。

此章体现孔子思想中以观察为基础的客观的认识论原则，至今仍不失为"察人""识人"的重要方法和手段。

2.《雍也6·12》

冉求曰："非不说子之道，力不足也。"子曰："力不足者，中道而废。今女画。"

【译文】

冉求说："（我）不是不喜欢老师所讲的道，而是我的能力不够呀。"孔子说："能力不够是到半路才停下来，现在你是给自己划了界限不想向前。"

【释读】

孔子责冉求自限不前。

冉求跟孔子学习，对孔子传授的道理虽然心仪，但是心志不够坚定、毅力不足坚持，就以"力不足"作为不想学的借口。孔子斩钉截铁地告诉冉求，力不足，半途而废，情有可原，其实你是心力不坚，无心力行，这就等于画地自限，是自己不想再前进了。

由此章也看出孔子在教育学生的过程中能直指弊病，不避批评和鞭策。

3.《雍也 6·21》

子曰："中人以上，可以语上也；中人以下，不可以语上也。"

【译文】

孔子说："具有中等以上才智的人，可以给他讲授最高深的学问，中等水平以下的人，不可以给他讲最高深的学问。"

【释读】

孔子向来认为，人的智力从出生就有聪明和愚笨的差别，即上智、下愚与中人。基于此，在教学过程中，孔子提出了"因材施教"的原则，这是其教育思想的一个重要内容，即根据学生自身特点和条件来决定教学内容和方式，此点成为传统教育学的一个重要理念。

4.《述而 7·7》

子曰："自行束脩以上，吾未尝无诲焉。"

【译文】

孔子说："只要自愿拿着十条干肉来见我的人，我从来没有不给他教诲的。"

【释读】

孔子自述对有心向学者无不加以教诲。束脩是微薄的见面礼，可见孔子并不是以礼物的多寡作为收徒的条件；自行是自动的意思，自动送束脩，表明诚心读书上进，尤其对于家境贫穷的子弟，想办法奉上束脩，更可见其向学的诚心；未尝无诲，只要诚心向学，孔子就施教，这正是其"有教无类"思想的体现。

5.《述而7·8》

子曰："不愤不启，不悱不发。举一隅不以三隅反，则不复也。"

【译文】

孔子说："（教导学生）不到他想弄明白而得不到的程度，不去开导他；不到他想出来却说不出来的时候，不去启发他。教给他一个方面的东西，他却不能由此而推知其他三个方面的东西，那就不再教他了。"

【释读】

此章仍是孔子的教育方法。他倡导"启发式"教学，即在学生充分进行独立思考的基础上，再对他们进行启发、引导，并要求学生能够"举一反三"，这些都被实践证明是符合教学规律的有效方式，在今天的教学过程中仍被借鉴沿用。

6.《述而7·24》

子曰："二三子以我为隐乎？吾无隐乎尔。吾无行而不与二三子者，是丘也。"

【译文】

孔子说："诸位，你们认为我会对你们有所隐瞒吗？对你们，我是没有丝毫隐瞒的。我没有什么事不是和你们一起干的。这就是我孔丘啊。"

【释读】

此章是孔子自述其教学过程中的坦荡和磊落，可谓君子之行。

7.《述而7·25》

子以四教：文、行、忠、信。

【译文】

孔子以文、行、忠、信四项内容教授学生。

【释读】

"文、行、忠、信"是孔子教授学生的学习内容。

文，指古代典籍文献；行，指行动或实践；孔子教授学生不光注重古代典籍、文献的学习，还强调在社会实践中修养学习。"知行"结合，是儒学重要的思想理念。孔子一生治学、教学，参与政事以及周游列国，是"知行合一"的典范。但无论治学还是实践，都应以"忠诚信实"的品德为前提或依归，此为修身的核心。

所以，孔子教授学生的内容可以归结为三个方面：文献知识、社会实践和道德修养。此三者对于成就理想的君子人格必不可少。

8.《述而7·29》

互乡①难与言，童子见，门人惑。子曰："与其进也，不与其退也，唯何甚？人洁己以进，与其洁也，不保其往也。"

【注释】

①互乡：地名，其乡风俗恶，难与言善。

【译文】

(孔子认为)互乡那个地方的人，多难与之谈善，但互乡的一个童子求见，孔子见了他。学生们都感到迷惑。孔子说："我是赞成他的来见，并不是赞成他退下时的一切呀！这有什么过分呢？人家有洁身自好之心而来，我便应当赞成他的洁身自好，并不保证他的以前啊！"

【释读】

孔子有教无类，对来学者不存偏见。

孔子时常向各地的人们宣传他的思想主张。互乡的人多难以谈善，并不代表所有互乡的人无药可救，既然互乡童子洁己以进，求见孔子，孔子当然既往不咎。对互乡童子的态度，正体现孔子"有教无类""诲人不倦"的思想和态度。

9.《述而7·33》

子曰："文，莫吾犹人也。躬行君子，则吾未之有得。"

【译文】

孔子说："就书本知识来说，大约我和别人差不多。做一个身体力行的君子，那我还没有做到。"

【释读】

对于"文，莫吾犹人也"一句，在学术界还有不同解释。有的说此句意为："讲到书本知识我不如别人"；有的说此句应为："勤勉，我是能和别人相比的"。我们这里采用了"就书本知识而言，或许（莫解为'或'）我和别人差不多"的解释。孔子从事教育，既要给学生传授书本知识，也注重培养学生的实际能力。他说自己在身体力行方面，还没有达到君子的境界，希望自己和学生们再作努力。

10.《述而7·34》

子曰："若圣与仁，则吾岂敢？抑为之不厌，诲人不倦，则可谓云尔已矣。"公西华曰："正唯弟子不能学也。"

【译文】【释读】见"孔子之学"第12。

11.《述而9·8》

子曰："吾有知乎哉？无知也。有鄙夫问于我，空空如也。我叩其两端而竭焉。"

【译文】

孔子说："我有知识吗？我其实无知呀。有一个乡下人问我，我对他谈的问题本来一点也不知道。我只是从他所问问题的两端去叩问他，一步步走到穷竭处，问题就可以搞清楚了。"

【释读】

孔子自谦无知，但能竭诚教人。

苏格拉底说:"你们把我看成有学问的人,真笑话,我什么都不懂。"人不可能对世间所有事情都十分精通,因为人的精力是有限的。孔子也自谦是一个无知者,但他却说自己有一个分析问题、解决问题的基本方法,这就是"叩其两端而竭",只要抓住问题的两个极端不断推究,就能求得问题的答案。这种方法,体现了儒家的中庸思想,也使孔子教人时能够把握实质,收到好的效果。

12.《先进11·22》

子路问:"闻斯行诸?"

子曰:"有父兄在,如之何其闻斯行之?"

冉有问:"闻斯行诸?"

子曰:"闻斯行之。"

公西华曰:"由也问闻斯行诸,子曰,'有父兄在';求也问闻斯行诸,子曰,'闻斯行之'。赤也惑,敢问。"

子曰:"求也退,故进之;由也兼人,故退之。"

【译文】

子路问:"是否听到了就应该行动起来呢?"

孔子说:"有父兄在,怎能听到就做呢?"

冉有问:"是否听到了就行动起来呢?"

孔子说:"(自然)听到了就该行动起来呀。"

公西华说:"仲由问'听了就该行动吗?'你回答说'有父兄在上',冉求问'听到了就该行动吗?'你回答'听了就该行动起来'。我对此有疑惑,敢再问个明白。"

孔子说:"冉求总是退缩,所以我鼓励他(向前);仲由好勇过人,所以我要约束他(退后)。"

【释读】

这是孔子把中庸思想贯穿教育实践中的一个具体事例。在这里,他要自己的学生不要退缩,也不要过头冒进,要进退适中。所以,对于同一个问题,孔子针对子路与冉求的不同性格作了不同回答。此章也生动地反映了孔子因材施教的教育方法。

13.《卫灵公 15·39》

子曰："有教无类。"

【译文】

孔子说："人应该有教化，不应分类别。"

【释读】

孔子主张施教不论对象。有教无类是孔子基本的教育主张。在此之前，受教育是贵族的特权，孔子首创私学，广招门徒；教导学生，一本大公，不分贫富、贵贱、贤愚，反映了孔子博大的胸襟和远见。所以我们才能说，孔子是中国古代伟大的教育家，奠定了中国传统教育的基本思想，值得钦敬。

14.《季氏 16·9》

孔子曰："生而知之者，上也；学而知之者，次也；困而学之，又其次也；困而不学，民斯为下矣。"

【译文】

孔子说："生来就知道(知识和道理)的人，是上等人；经过学习以后才知道(知识和道理)的人，是次一等的人；遇到困难才去学习的，是又次一等的人；遇到困难还不学习的人，这就是下等的人了。"

【释读】

孔子言天赋资质各不相同，勉励人努力学习。

孔子虽言有"生而知之者"，但他否认自己是这种人，他强调自己是经过后天学习才知道知识和道理的。他希望人们勤奋好学，不要等遇到困难才去学习。对人天赋资质不同的认可，是孔子因材施教的客观基础。由此可见其教育思想中闪耀的科学理性的光辉。

15.《阳货 17·19》

子曰："予欲无言。"子贡曰："子如不言，则小子何述焉?"子曰：

"天何言哉？四时行焉，百物生焉，天何言哉？"

【译文】

孔子说："我想不说话了。"子贡说："您假如不说话，那么我们传述什么呢？"孔子说："天说什么了呢？四季照样运行，百物照样生长。天说什么了呢？"

【释读】

钱穆《论语新解》："为何孔子无端发欲无言之叹？或说：孔子惧学者徒以言语求道，故发此以警之。或说：孔子有见于道之非可以言说为功，不如默而存之，转促以厚德而敦化。此两义皆可通，当与前篇无隐之义相参。或说：本章孔子以天自比。孔子特举以解子贡不言何述之疑。"

《泰伯8·19》有："子曰：'大哉尧之为君也！巍巍乎！唯天为大，唯尧则之。'"则天，就是效法天地。尧之伟大，就在于他能效法天地。此章也可与《老子》二十五章"人法地，地法天，天法道，道法自然"联系，见儒道相通处。

孔子也是在暗示子贡，不仅要从有言处学，还要善于从无言处学。

(七)孔子与道

1.《里仁4·8》

子曰："朝闻道，夕死可矣。"

【译文】

孔子说："人如果在早晨听闻道，即便当晚死去，也是可以的（心甘情愿的）。"

【释读】

这一段话常常被人们引用。孔子所说的"道"究竟指什么，在学术界是有争论的。我们的认识是，孔子这里所讲的"道"，是指社会政治的最高原则和道德的最高准则。此章可以看出孔子想得道的决心和诚心。

2.《公冶长 5·7》

子曰："道不行，乘桴浮于海，从我者，其由与！"子路闻之喜。子曰："由也好勇过我，无所取材。"

【译文】

孔子说："如果我的道行不通，我想乘上木筏子到海外去。能跟从我的大概只有仲由了吧！"子路听到这话很高兴。孔子说："仲由啊，好勇的精神大大超过了我，就是不知道如何剪裁自己。"

【释读】

在当时的历史背景下，孔子虽极力推行他的礼制、德政主张，但也担心自己的主张行不通，因此而有慨叹，想要乘筏到海上漂流，而海上风波险恶，岂可乘桴长游？也即所谓"欲济无舟楫"，盖叹之深！子路有勇，孔子认为他可以跟随自己，但同时又指出子路的不足。

3.《述而 7·5》

子曰："甚矣吾衰也！久矣吾不复梦见周公。"

【译文】

孔子说："我衰老得很厉害呀！我好久没有再梦见周公了。"

【释读】

邢昺《论语注疏》："此章孔子叹其衰老，言我盛时尝梦见周公，欲行其道，今则久多时矣，吾更不复梦见周公，知是吾衰老甚矣。"

周公是中国古代的圣人之一，孔子自称他继承了自尧舜禹汤文武周公以来的道统，肩负着光大古代文化的重任。这句话，孔子自叹其老，表明了孔子对周公的崇敬和思念，也反映他对周礼的崇拜和拥护，更有对道不能推行的失望。

4.《子罕 9·9》

子曰："凤鸟①不至，河不出图②，吾已矣夫！"

【注释】

①凤鸟：古代传说中的一种神鸟。传说凤鸟在舜和周文王时代都出现过，它的出现象征着"圣王"将要出世。②河不出图：传说在上古伏羲氏时代，黄河中有龙马背负八卦图而出。它的出现也象征着"圣王"将要出世。

【译文】

孔子说："凤鸟没有来，黄河中也不出现八卦图。我这一生也就完了吧！"

【释读】

孔子为了恢复周礼而辛苦奔波了一生。到了晚年，他看到周礼的恢复已成泡影，于是发出深沉的哀叹。

5.《子罕 9•13》

子贡曰："有美玉于斯，韫椟而藏诸，求善贾而沽诸？"子曰："沽之哉！沽之哉！吾待沽者也。"

【译文】

子贡说："这里有一块美玉，是放在柜子里把它藏起来呢，还是找一个识货的商人卖掉它呢？"孔子说："卖掉吧！卖掉吧！我是在等待识货的人呢。"

【释读】

此章对话应是于阳货在鲁国专权时说的。

阳货是鲁国大夫季平子的家臣。季平子死后，阳货专权管理鲁国政事，他是孔子在政治上非常鄙视和反对的乱臣贼子。孔子自信肩负着继承自尧舜禹汤文武周公以来的道统和光大古代文化的使命，但要使其主张得以推行，就得寻求一个能够真正了解并信任他的人（识货的人），阳货显然非其人。所以孔子周游列国，是一直在期待能够遇到圣王明君。

6.《宪问 14•35》

子曰："莫我知也夫！"子贡曰："何为其莫知子也？"子曰："不怨天，不尤①人。下学而上达②，知我者其天乎！"

【注释】

①尤：责怪、怨恨。②下学上达：下学人事，上达天命。

【译文】

孔子说："没有人了解我吧！"子贡说："为什么没有人了解您呢？"孔子说："我不埋怨天，也不责备人，向下处学习而渐上达天命，了解我的，只有天吧！"

【释读】

孔子慨叹"下学而上达"之道不被世人理解。孔子反己自修，从低处学起，循序渐进，获得知识和道理，知道得愈多愈深，便越加不会怨天尤人，但孔子所到此种境界，无人能知，唯天独知，始有此叹。

7.《宪问 14·38》

子路宿于石门。晨门曰："奚自？"子路曰："自孔氏。"曰："是知其不可而为之者与？"

【译文】

子路夜里在石门住宿，早上看守城门的人问："（你）从哪里来？"子路说："从孔子那里来。"看门的人说："是那个明知做不到却还要去做的人吗？"

【释读】

参见"时人评孔子"第 2 则。

《史记·孔子世家》记载：

孔子适郑，与弟子相失，孔子独立郭东门。郑人或谓子贡曰："东门有人，其颡（sǎng）似尧，其项类皋陶（gāo yáo），其肩类子产，然自要以下不及禹三寸。累累若丧家之狗。"子贡以实告孔子。孔子欣然笑曰："形状，末也。而谓似丧家之狗，然哉！然哉！"

【译文】

一次孔子到了郑国与弟子走散，孔子待在城墙东门旁发呆，郑国有人对子贡说："东门边有个人，他的前额像尧，他的脖子像皋陶，他的肩部像子产，不过自腰部以下和大禹差三寸。看他劳累的样子就像一条'丧家之狗'。"子贡把这段话一五一十地告诉了孔子。孔子很坦然地笑着说："（一个人的）外形、相貌，是细枝末节（或'不重要的'）。不过说我像条无家可归的狗，确实是这样！确实是这样啊！"

【释读】

孔子对别人对他像圣人贤人的描述，轻描淡写地说"形状，末也"，甚至认可别人的嘲讽，体现了孔子虚怀若谷、勇于自嘲的开阔胸怀。

【注】孔子周游列国 14 年（55 岁到 68 岁），之后退而著述。

(八)仁心悲悯

1.《述而 7·9》

子食于有丧者之侧，未尝饱也。

【译文】

孔子在有丧事的人旁边吃饭，不曾吃饱过。

2.《述而 7·10》

子于是日哭，则不歌。

【译文】

孔子在这一天（吊丧）而哭，就不再唱歌了。

【释读】

以上两章可见孔子的慈悲之心。

有丧者哀戚，在其旁不能饱食，是"恻隐之心"；不废弦歌是孔子的日常生活，但给人吊丧之日，心有哀伤，余哀未尽，便不再歌唱。孟子有言："恻隐之心，仁之端也。"（《孟子·公孙丑上》）对别人的悲伤感同身受，是孔子内心仁德的表现，可谓"圣人之仁"。

3.《述而 7·27》

子钓而不纲，弋不射宿。

【译文】

夫子用鱼竿钓鱼却不用渔网捕鱼；用带有绳子的箭射鸟，但是从来不射（归巢）休息的鸟。

【释读】

孔子钓鱼而不用网具断流捕鱼，带绳子的箭射程有限，并且不射归巢之鸟，这些都显示出孔子在射猎活动中的适度和节制，这在当时必是异于常人之举，故被其弟子极珍视地记录下来。人有言："钓而不纲，不贪，智也；弋不射宿，不杀生，不乘危，仁也。仁且智，夫子既圣矣。"孔子少贫贱，为了生活，曾钓过鱼、射过鸟，但都不过度。孔子的这种做法，表现出他对自然的仁爱之心。

黄帝"仁厚及于鸟兽昆虫"；商汤网开三面；孔子钓而不纲，弋不射宿，都是我们祖先敬重自然的典范。

4.《乡党 10·17》

厩焚。子退朝，曰："伤人乎？"不问马。

【译文】

孔子家的马棚失火被烧了。孔子退朝回来，（知道了此事）问："伤人了吗？"但没有问到马。

【释读】

此章因"伤人乎不问马"一节的断句不同而有争论。现取用通常的断法。

程树德《论语集释》："伤人乎？不问马，盖仓卒之间，以人为急，偶未遑问马耳（偶然没来得及问到马），非真贱畜，置马于度外，以为不足恤而不问也。"这种解释似更合情理。也有人句读为："伤人乎？不。问马。"人说这是受了佛家影响，其实，儒家之仁爱，亦可由人及物。

毫无疑问，此章显现了孔子以人为本，以人为重的人道主义倾向。

5.《卫灵公 15·42》

师冕见，及阶，子曰："阶也。"及席，子曰："席也。"皆坐，子告之曰："某在斯，某在斯。"师冕出，子张问曰："与师言之道与？"

子曰："然，固相师之道也。"

【译文】

乐师冕来见孔子，走到台阶前，孔子说："这儿是台阶了。"走到座席旁，孔子说："这是座席了。"等大家都坐下来，孔子告诉他："某某人在这里，某某人在这里。"师冕走了以后，子张就问孔子："这就是与乐师谈话的道吗?"孔子说："这就是帮助盲人乐师的道啊。"

【释读】

此章表现孔子对弱者的关怀。相，扶也。孔子能设身处地地想及盲人乐师的处境，给予细致入微的关怀和引导，是他出于本心的、自然而然的反应，并非刻意为之，合于"仁心"，切于人情，也可谓"仁义"之举了。所以圣人有言："道不远人""我欲仁，则斯仁至矣!"

二、孔子论弟子

(一)孔子论颜回

1.《雍也 6·3》

哀公问："弟子孰为好学?"孔子对曰："有颜回者好学,不迁怒,不贰过,不幸短命死矣。今也则亡,未闻好学者也。"

【译文】

鲁哀公问孔子："你的学生中谁是好学的呢?"孔子回答说："有一个叫颜回的学生好学,他不迁怒于别人,不重犯同样的过错。(可惜)不幸早死了。现在没有那样的人了,没有听说谁是好学的了。"

【释读】

此章中说颜回之"好学",仍指文化学习、社会实践和道德修养。

如若自己有过失,却归罪于他人,大发脾气,是为"迁怒"。颜回能够控制自己的情绪,是其内心克制修养的功夫。"不贰过",是颜回在行动实践中能够随时自省并及时改正错误的结果。《左传》里说"知错能改,善莫大焉",孔子极力称赞颜回是"好学"之人,并举出其好学之德是"二不",可见其对"好学"内涵的认识和界定。

2.《雍也 6·7》

子曰："回也其心三月不违仁,其余则日月至焉而已矣。"

【译文】

孔子说："颜回这个人,他的心可以在长时间内不离开仁德,其余的学生则只能在一两天、一两个月做到仁罢了。"

【释读】

三月，言其久也。颜回能够长久地不背离"仁德"，是其内心修养的高境界。

孔子说："不仁者不可以久处约（贫困），不可以长处乐。""约"与"乐"是境遇之不同，"仁者"能够在不同的境遇里，恒定如一，不因环境条件的变化而改变自己的心志和心境，是因他的内心有对"仁"的执着追求和对自己志向的坚守。"在陋巷，人不堪其忧，回也不改其乐"就是很好的证明。颜回并非以贫困本身为乐，而是贫困不能改损其心理境界。这就是一般人难以做到的了。此处孔子的感叹和对比，说明颜回的难能可贵。

3.《雍也 6·11》

子曰："贤哉回也，一箪食，一瓢饮，在陋巷，人不堪其忧，回也不改其乐。贤哉回也。"

【译文】

孔子说："多有贤德啊，颜回！一盒饭，一瓢水，住在简陋的小屋里，别人都忍受不了这种（贫困）忧愁，颜回却没有改变他（好学的）乐趣。多有贤德啊，颜回！

【释读】

本章孔子再赞颜回的贤德。对他能够虽"箪食、瓢饮、居陋室而不改其乐"反复赞叹，以示深美。孔子也说自己"饭疏食，饮水，曲肱而枕之，乐亦在其中"。宋代儒学家有"寻孔颜乐处，所乐何事？"之教，意味深长。想来，孔颜之乐，当是道德达到高境界后的一种"恒定"自足的快乐。我们通常所说"安贫乐道"实则为"乐道"而"安贫"。

4.《子罕 9·20》

子曰："语之而不惰者，其回也与！"

【译文】

孔子说："和他讲说了（道理学问）而不懈怠的，大概是颜回吧！"

【释读】

对于孔子所说，颜回能够心解力行，触类旁通，毫不懈怠，也见颜回之高。

5.《子罕 9·21》

子谓颜渊曰："惜乎！吾见其进也，未见其止也。"

【译文】

孔子谈到（死去的）颜渊感叹道："可惜呀（他死了）！我只见他不断向前，没有看见他停止过。"

【释读】

孔子门徒中，颜渊勤奋好学，刻苦精进，几乎无人能比，所以颜渊死后，孔子深惜。

6.《先进 11·4》

子曰："回也非助我者也，于吾言无所不说。"

【译文】

孔子说："颜回不是对我有助益的人啊，他对我所讲的没有不心悦诚服的。"

【释读】

朱熹《四书章句集注》："助我，若子夏之起予，因疑问而有以相长也。颜子于圣人之言，默识心通无所疑问，故夫子云然。其辞若有憾焉，其实乃深喜之。"

正如朱熹所言，若有遗憾，实乃深喜，也是夫子矛盾心情的流露。在"教与学"的过程中，"学"与"问"相辅相成，才有教与学的相互助益，才有学问修养的精进提升。

7.《先进 11·7》

季康子问："弟子孰为好学？"孔子对曰："有颜回者好学，不幸短命死矣，今也则亡。"

【译文】

季康子问孔子："你的学生中谁是好学的？"孔子回答说："有一个叫颜回的学生很好学，不幸短命死了。现在再也没有像他那样的了。"

【释读】

略。

8.《先进11·8》

颜渊死，颜路①请子之车以为之椁②。子曰："才不才，亦各言其子也。鲤③也死，有棺而无椁。吾不徒行以为之椁。以吾从大夫之后④，不可徒行也。"

【注释】

①颜路：颜无繇(yóu)，字路，颜渊的父亲，也是孔子的学生，生于公元前545年。②椁(guǒ)，古人所用棺材，内为棺，外为椁。③鲤：孔子的儿子，字伯鱼，死时50岁，孔子70岁。④从大夫之后：跟随在大夫们的后面，意即当过大夫。孔子在鲁国曾任司寇，是大夫一级的官员。

【译文】

颜回死了，（他的父亲）颜路请求孔子卖掉车给颜渊买个外椁。孔子说："不管有才能还是没才能，总是各自的儿子。我的儿子孔鲤死的时候，也是有棺无椁。我不能卖掉自己的车子步行而给他买椁。因为我还跟随在大夫之后，是不可以步行出门的呀。"

【释读】

从大夫之后，不可徒步出门是"礼制"。颜渊虽是孔子的得意门生，但面对颜渊死后，其父颜路"卖车买椁"的请求，孔子没有丧失自己的"原则"，背离礼的规定，这种"礼制"应该视为当时的社会公德。在爱徒和礼义之间，孔子最终倾向"礼"，反映了他对礼的严谨态度，也由此可见圣人废私情而向大道的无私。

9.《先进 11·9》

颜渊死，子曰："噫！天丧予！天丧予！"

【译文】

颜渊死了，孔子说："啊！上天要毁了我呀！上天要毁了我呀！"

【释读】

颜渊之死，若上天"丧予"，是孔子痛惜的哀叹！上章讲坚持（礼制）原则，此章表达个体深情，两者并不矛盾，不以情失礼，亦不以理废情。孔子说"仁者寿"，多次被孔子称赞的仁者颜回竟早夭，这不仅是悼颜回，亦是感伤于"仁"而有憾！"天丧予"者，大概此意也含于其中。

10.《先进 11·10》

颜渊死，子哭之恸①。从者曰："子恸矣。"曰："有恸乎？非夫②人之为恸而谁为？"

【注释】

①恸：哀伤过度，过于悲痛。②夫（fú）：指示代词，此处指颜渊。

【译文】

颜渊死了，孔子哭得很是伤心。跟随孔子的人说："您伤心过度了！"孔子说："是伤心过度了吗？我不为那个人过分伤心，又为谁（而过度伤心）呢？"

【释读】

略。

11.《先进 11·11》

颜渊死，门人欲厚葬之，子曰："不可。"门人厚葬之。子曰："回也视予犹父也，予不得视犹子也。非我也，夫二三子也。"

【译文】

颜渊死了，孔子的学生们想要用厚礼安葬他。孔子说："不能这样。"学生们仍然隆重地葬了他。孔子说:"颜回啊把我当父亲一样看待,我却不能把他当儿子一样看待呀。这不是我要这样做啊,是那些学生们呀。"

【释读】

此章仍是表明孔子遵从礼的原则,即使是在厚葬颜渊的问题上,仍是坚持原则。可与本篇第8互见。

12.《先进11·19》

子曰:"回也其庶①乎,屡空②。赐不受命,而货殖③焉,亿④则屡中。"

【注释】

①庶:庶几,相近。这里指颜渊的学问道德接近于完善。②空:贫困、匮乏。③货殖:做买卖。④亿:同"臆",猜测,估计。

【译文】

孔子说:"颜回呀,他的学问道德接近于完善了吧,可是他常常贫困。端木赐不听命运的安排,去做买卖,猜测行情,屡次都被他猜中了。"

【释读】

此章是孔子对颜回学问道德接近于完善却在生活上常常贫困而深表遗憾。

刘宝楠《论语正义》:"古者四民,各习其业,未有兼为之者,凡其所业,以为命所受如此。子贡学于夫子,而又货殖,非不受命而何?"

子贡的不受命大概应该这样理解。但孔子对子贡不听命运的安排去经商致富未必感到不满,只是相形之下,对颜回的惋惜罢了。

(二)孔子论子路

1.《为政2·17》

子曰:"由,诲女知之乎!知之为知之,不知为不知,是知也。"

【译文】

孔子说:"由,我教导你的话,你明白了吧!知道的就是知道,不知道就是不知道，这就是智慧啊！"

【释读】

在此，孔子说出了一个深刻的道理："知之为知之，不知为不知，是知也。"对于文化知识，人们应当虚心刻苦学习，尽可能多地加以掌握。但人的知识再丰富，总有不懂的问题，所以以明确知与不知，既是对自我学习的反省，也是由"已知"走向"未知"的前提和基础，这是对待学习的至诚态度，只有这样，才能博学广闻，获得知识、求得真理。

2.《公冶长5·7》

子曰："道不行，乘桴浮于海，从我者，其由与！"子路闻之喜。子曰："由也好勇过我，无所取材。"

【译文】

孔子说："如果我的道行不通，我想乘上木筏子到海外去。能跟从我的大概只有仲由了吧！"子路听到这话很高兴。孔子说："仲由啊，好勇的精神大大超过了我，就是不知如何剪裁自己。"

【释读】

参见"孔子与道"第2。

3.《述而7·11》

子谓颜渊曰："用之则行，舍之则藏，惟我与尔有是夫！"子路曰："子行三军，则谁与？"子曰："暴虎冯河，死而无悔者，吾不与也。必也临事而惧。好谋而成者也。"

【译文】

孔子对颜渊说："用我呢，我就去干；不用我，我就隐藏起来，只有我和你才能做到这样吧！"子路问孔子说："老师您如果统帅三军，那么您和谁在一起呢？"孔子说："赤手空拳和老虎搏斗，徒步涉水过河，死了都不会后悔的人，我决不会和他在一起的。一定要是遇事小心谨慎，善于考虑谋划而成事的人，我才和他在一起。"

【释读】

本章问答生动有趣，活画出孔子师徒的个性形象。

子路嫉妒孔子盛赞颜回，从而想夸耀自己的勇敢，而孔子知道子路的心思，再次用言语抑压他。"勇"是孔子道德范畴中的一个德目，但勇不是蛮干，而是"临事而惧，好谋而成"，这种人智勇兼备，才符合"勇"的标准。

4.《子罕9·27》

子曰："衣敝缊袍，与衣狐貉者立而不耻者，其由也与？'不忮不求，何用不臧？'"子路终身诵之。子曰："是道也，何足以臧？"

【译文】

孔子说："穿着破旧的丝绵袍子与穿着高贵的狐貉皮袍的人站在一起而不认为是耻辱的，大概只有仲由了吧。(《诗经》上说)'不嫉妒，不贪求，怎么能说不好呢？'"子路听后，常常背诵这句诗。孔子又说："只做到这样，怎么能说够好了呢？"

【释读】

《论语》中孔子对子路的感情是既喜且忧。他喜欢子路的忠诚和勇敢，又忧虑子路的冲动和鲁莽。所以孔子对子路的教育方法是，当子路满足于老师的夸奖而沾沾自喜时，再猛击一掌，使之省悟前行。

这一章记述的是夫子先夸奖又批评子路的两段话。他鞭策子路不应满足于目前已有的水平，仅是不贪求、不嫉妒还远远不够，要有更高远的志向，才能成就一番大事业。以此可见孔子的师者情怀。

5.《先进11·13》

闵子侍侧，訚訚①如也；子路，行行②如也；冉有、子贡，侃侃③如也。子乐。"若由也，不得其死然。"

【注释】

①訚訚(yín)：和颜悦色的样子。②行行(hàng)：刚强的样子。③侃侃：和乐的样子。

【译文】

闵子骞侍立在孔子旁边,是和颜悦色的样子;子路是一副刚强的样子;冉有、子贡一派和乐之气。孔子很高兴。但却又说:"像仲由这样啊,我恐怕他不得寿终啊!"

【释读】

孟子有"得天下英才而教育之,三乐也"之说,在此可以解释孔子之乐。他一方面为得天下英才而教育之,使各尽其性而乐,一方面又担心子路过于刚强的性格,恐使他不会有好的结果。师之爱生,由此可见。而"其后子路卒死于卫孔悝之难",孔子很是哀痛。

6.《先进 11·15》

子曰:"由之瑟奚为于丘之门?"门人不敬子路。子曰:"由也升堂矣,未入于室也。"

【译文】

孔子说:"仲由弹琴,为何到我这里呢?"学生们因此都不尊敬子路。孔子便说:"仲由嘛,他已经走进厅堂了,只是还没有入室罢了。"

【释读】

朱熹《四书章句集注》:"子路鼓瑟,有北鄙杀伐之声,盖其气质刚勇而不足于中和,故其发声者如此。"

程树德《论语集释》:"子路性刚,其鼓瑟亦有壮气。孔子知其必不得寿终,故每抑之。"

孔子批评子路后,又唯恐别人对子路鄙视,所以便说:其实子路已经很不错了,但尚需进一步提高。由此见夫子对子路的爱惜之情。

"升堂入室"的成语源于此。

7.《颜渊 12·12》

子曰:"片言可以折狱者,其由也与?"子路无宿诺。

【译文】

孔子说："只听了单方面的供词就可以判决案件的，大概只有仲由吧。"子路答应了人，没有拖延不践行诺言的。

【释读】

仲由可以以"片言"而"折狱"，历来有不同解释。一说子路明决，凭单方面的陈述就可以做出判断。

朱熹《四书章句集注》解作："片言，半言；折，断也。子路忠信明决，故言出而人信服之，不待其辞之毕也。"

无论哪种解释，都说明子路为人笃实刚果，具有忠信明决的美德，因此审理官司，决断狱讼，往往公正允当、简明扼要，而且宣读判词，还没结束就已令人心悦诚服。

8.《卫灵公 15·2》

在陈绝粮，从者病，莫能兴。子路愠见曰："君子亦有穷乎？"子曰："君子固穷，小人穷斯滥矣。"

【译文】

(孔子一行)在陈国断了粮食，随从的人都饿病了，爬不起来。子路很生气地来见孔子，说："君子也有毫无办法(穷：困窘，走投无路)的时候吗？"孔子说："君子在困窘时，仍能有所坚守；小人困窘时就无所不为了。"

【释读】

此章中，子路率直的性格再次呈现。在老师面前，他不隐瞒自己的情绪假装顺从，而是直述己见，孔子对子路则循循善诱：面对穷困潦倒的局面，君子与小人的不同在于君子能够坚守自己的道德操守，而小人就会胡作非为。

9.《阳货 17·8》

子曰："由也，女闻六言六蔽矣乎？"对曰："未也。""居，吾语女。好仁不好学，其蔽也愚；好知不好学，其蔽也荡；好信不好学，其蔽也贼；好直不好学，其蔽也绞(急切)；好勇不好学，其蔽也乱；

好刚不好学，其蔽也狂。"

【译文】

孔子说："由呀，你听说过六种品德和六种弊病的说法吗？"子路回答说："没有。"孔子说："坐下，我告诉你。喜欢仁德而不爱好学习，它的弊病是变得愚蠢；喜欢智慧而不爱好学习，它的弊病是行为放荡；爱好诚信而不爱好学习，它的弊病是伤害（亲人）；爱好直率却不爱好学习，它的弊病是急切而不通情理；爱好勇敢却不爱好学习，它的弊病是犯上作乱；爱好刚强却不爱好学习，它的弊病是狂妄自大。"

【释读】

其中"好学"的内涵仍是学习、修养与实践。

好学，方能丰富自我，克服偏狭，使性情行为合宜适度，趋于中道。

所以"六言六蔽"可以理解为：仁而不知度，便愚蠢；智而不知度，便放荡；信而不知度，便伤害；直而不知度，会急躁；勇而不知度，会祸乱；刚而不知度，会狂傲。此为孔子提出，旨在防止偏才的失误。

一言以蔽之，孔子所有的道德范畴都在强调"中庸"之德。子路性格率直、刚强、恃勇而不好学，所以孔子告其学"礼"以知度，可以无偏。

10.《阳货 17·23》

子路曰："君子尚勇乎？"子曰："君子义以为上。君子有勇而无义为乱，小人有勇而无义为盗。"

【译文】

子路说："君子看重勇敢吗？"孔子答道："君子是崇尚义的，君子有勇无义就会作乱，小人有勇无义就会偷盗。"

【释读】

子路总是逞勇好强，以自己有勇气而自豪，孔子也总会适时提醒子路"君子义以为上"，没有义的"勇"只能沦为道德的下流。与本篇第 2 互见。

(三)孔子论其他弟子

1.《公冶长5·8》

孟武伯问:"子路仁乎?"子曰:"不知也。"又问。子曰:"由也,千乘之国,可使治其赋也,不知其仁也。"

"求也何如?"子曰:"求也,千室之邑,百乘之家,可使为之宰也,不知其仁也。"

"赤也何如?"子曰:"赤也,束带立于朝,可使与宾客言也,不知其仁也。"

【译文】

孟武伯问孔子:"子路做到仁了吗?"孔子说:"不知道。"孟武伯又问。孔子说:"仲由嘛,在拥有一千辆兵车的大国,可以让他负责兵役、军政的工作,但我不知道他是不是做到了仁。"

孟武伯又问:"冉求怎样呢?"孔子说:"冉求这个人,可以让他在一个有千户人家的公邑或有一百辆兵车的采邑里当总管,但我也不知道他是不是做到了仁。"

孟武伯又问:"公西赤怎样呢?"孔子说:"公西赤嘛,可以让他穿着礼服,站在朝廷上,接待贵宾,我也不知道他是不是做到了仁。"

【释读】

"仁"是诸德之总称。仁包含孝、悌、忠、信、礼、义、廉、耻、温、良、恭、俭、让等所有德行,而且要将这所有的仁德付诸实践,才算是孔子心目中"仁"的完美体现和最高境界,因此仁的境界是无止境的。

在这段文字中,孔子对自己的三个学生进行评价的标准就是"仁"。他说,他们有的可以主掌军事,有的可以管理内政,有的可以办理外交。他们虽然各有所长,却并不一定体现仁的最高境界。孔门弟子中,只有颜渊是"三月不违仁",其他弟子也只是"日月至焉而已矣",这一方面是孔子给予弟子的评价等级,另一方面也显示了"仁"的境界是多么不易达到。孔子曾说:"若圣与仁,则吾岂敢?"可见"仁"并非本领才能,而是道德的至高境界。

2.《雍也 6·1》

子曰:"雍也可使南面。"

【译文】

孔子说:"冉雍这个人,可以让(他)去做官。"

【释读】

杨伯峻《论语译注》:"无论天子、诸侯、卿大夫,当他作为长官出现的时候,总是南面而坐的。"所以这里孔子是说可以让冉雍去从政做官治理国家。冉雍在"孔门十哲"中曾被列为第一等"德行"之内,孔子认为他德行突出,是做官的先决条件。

3.《雍也 6·6》

子谓仲弓,曰:"犁牛(耕牛)之子骍(毛色纯赤)且角(两角周正)。虽欲勿用,山川其舍诸?"

【译文】

孔子在评论仲弓的时候说:"耕牛产下的牛犊长着红色的毛,角也长得整齐端正,人们虽想不用它做祭品,但山川之神(喻上层统治者)难道会舍弃它吗?"

【释读】

本章孔子谈论仲弓虽然出身寒微,而其才德足以用世。

孔子认为,人的出身并不是最重要的,重要的在于自己应有高尚的道德和突出的才干。只要具备了这样的条件,就会受到重用。而对于统治者来讲,选拔重用人才,不能只看出身而抛弃贤才,应唯贤是举而非任人唯亲。这种不问家世出身的主张,在世袭贵族体制下,实为难得。

4.《雍也 6·8》

季康子①问:"仲由可使从政也与?"子曰:"由也果,于从政乎何

有?"曰:"赐也可使从政也与?"曰:"赐也达,于从政乎何有?"曰:
"求也可使从政也与?"曰:"求也艺,于从政乎何有?"

【注释】

①季康子:他在公元前 492 年继其父季桓子做鲁国正卿,此时孔子正在
各地游说。八年以后,孔子返回鲁国,冉求正在帮助季康子推行革新措施。
孔子于是对此三人做出了评价。

【译文】

季康子问孔子:"仲由这个人,可以让他管理国家政事吗?"孔子说:"仲
由做事果断,对于管理国家政事有什么困难呢?"季康子又问:"赐这个人,可
以让他管理国家政事吗?"孔子说:"赐通达事理,对于管理政事有什么困难
呢?"又问:"冉求这个人,可以让他管理国家政事吗?"孔子说:"冉求有才能,
对于管理国家政事有什么困难呢?"

【释读】

钱穆《论语新解》:此章见孔子因材施教,故能因材致用。

孔子有识人之明,故有因材施教之策;能因材施教,方能使弟子各有所
长,各展所长。

5.《先进 11·3》

德行①:颜渊、闵子骞、冉伯牛、仲弓。言语②:宰我、子贡。
政事③:冉有、季路。文学④:子游、子夏。

【注释】

①德行:指能实行孝悌、忠恕等道德。②言语:指善于辞令,能办理外
交。③政事:指能从事政治事务。④文学:指通晓诗书礼乐等古代文献。

【译文】

德行好的:颜渊、闵子骞、冉伯牛、仲弓。(善于)辞令的:宰我、子贡。
(擅长)政事的:冉有、季路。(通晓)文献知识的:子游、子夏。

【释读】

本章孔子从德行、言语、政事、文学四个角度评述弟子的特长,史称"孔

门四科"；也有说"子以四教：文、行、忠、信"（《述而 7·25》），"文、行、忠、信"为孔门四科。以上弟子合称"孔门十哲"，受儒教祭祀。

6.《先进 11·5》

子曰："孝哉闵子骞！人不间^①于其父母昆^②弟之言。"

【注释】
①间：非难、批评、挑剔。②昆：哥哥，兄长。

【译文】
孔子说："真是孝顺呀，闵子骞！人们没有办法不同意他的父母兄弟称赞他的话。"

【释读】
邢昺《论语正义》："闵子骞兄弟二人，母死，其父更娶，复有二子。子骞为其父御车，失辔，父持其手，衣甚单。父则归，呼其后母儿，执其手，衣甚厚温，即谓其妇曰：吾所以娶汝，乃为吾子，今汝欺我，去无留。子骞曰：母在一子单，母去四子寒。其父默然。故曰：孝哉闵子骞！……《韩诗外传》载此事云：母悔改之后，至均平，遂成慈母。"

闵子骞以孝闻名，位列"孔门十哲"德行科。

7.《先进 11·13》

闵子侍侧，訚訚如也；子路，行行如也；冉有、子贡，侃侃如也。子乐。"若由也，不得其死然。"

【译文】【释读】均见"孔子论子路"第 5。

8.《先进 11·16》

子贡问："师与商^①也孰贤？"子曰："师也过，商也不及。"曰："然则师愈^②与？"子曰："过犹不及。"

【注释】

①师与商：师，子张；商，子夏。②愈：胜过，强些。

【译文】

子贡问孔子："子张和子夏，谁更好一些呢？"孔子回答说："子张常是过头了，子夏又常是不及了。"子贡说："那么是子张好一些吗？"孔子说："过头和不及是一样（不可取）的。"

【释读】

钱穆《论语新解》："譬之于射，过与不及，皆未至于鹄的。子张才高意广，所失常在于过之。子夏笃信谨守，所失常在于不及。此皆材质有偏，而学问之功有所未至。"

朱熹《四书章句集注》："夫过与不及，均也。差之毫厘，谬以千里。故圣人之教，抑其过引其不及，归于中道而已。"

"过犹不及"可以理解为是对中庸思想的具体说明。

9.《先进11·17》

季氏富于周公①，而求也为之聚敛②而附益③之。子曰："非吾徒也。小子鸣鼓而攻之可也。"

【注释】

①周公：周朝的公侯。②聚敛：积聚和收集钱财，即搜刮。③益：增加。

【译文】

季氏比周朝的公侯还要富有，而冉求呀，还替他搜刮，增加他的财富。孔子说："（他）不是我的学生了，你们可以大张旗鼓地去声讨他！"

【释读】

杨伯峻《论语译注》："事实可参阅《左传》哀公十一年和十二年文。季氏要用田赋制度，增加赋税，使冉求征求孔子的意见，孔子则主张'施取其厚，事举其中，敛从其薄'。结果冉求仍旧听从季氏，实行田赋制度。聚敛，《礼记·大学》说：'百乘之家，不畜聚敛之臣。与其有聚敛之臣，宁有盗臣。'"

孔子因为反对对贵族有利、对百姓有害的新的赋税制度，所以对冉求助纣为虐的行为很是生气，由此也可看出其民本思想。

10.《先进 11·18》

柴①也愚②，参也鲁③，师也辟④，由也喭⑤。

【注释】

①柴：高柴，字子羔，孔子学生，比孔子小 30 岁，公元前 521 年出生。②愚：愚直之愚，指愚而耿直。③鲁：迟钝。④辟：偏，偏激。⑤喭（yàn）：粗鲁，刚猛。

【译文】

高柴性愚直，曾参性迟钝，师（子张）性偏激，仲由（子路）性鲁莽。

【释读】

参见本篇"孔子论其他弟子"第 8 朱熹注。对弟子个性的认识，是孔子因材施教的基础。学生性情各有所偏，着眼各人性情，"抑其过而引其不及"，使其人格完善，归于中道，是孔子留给后人的宝贵的教育财富。

11.《先进 11·19》

子曰："回也其庶乎，屡空。赐不受命，而货殖焉，亿则屡中。"

【译文】【释读】参见"孔子论颜回"第 12。

12.《先进 11·24》

季子然①问："仲由、冉求可谓大臣与？"子曰："吾以子为异之问，曾由与求之问。所谓大臣者，以道事君，不可则止。今由与求也，可谓具臣②矣。"曰："然则从之③者与？"子曰："弑父与君，亦不从也。"

【注释】

①季子然：鲁国季氏的同族。②具臣：普通的臣子。③之：代词，这里指季氏。其时冉求和子路都是季氏家臣。

【译文】

季子然问："仲由和冉求可以称得上是'大臣'吗？"孔子说："我以为你问

别的事，原来是问子路和冉有啊。所谓'大臣'是能够以道事君，如果这样行不通，（他宁肯）辞职不干。现在仲由和冉求，只能算是备位充数的臣子罢了。"季子然说："那么他们会一切都跟随季氏干吗？"孔子说："杀父弑君的事，他们也是不会跟随的。"

【释读】

孔子这里指出"以道事君"的原则，并指出"大臣"与"具臣"的区别；也是告诫冉求和子路不应只做具臣，要遵守为臣之道与礼，如果不能阻止季氏的行为，也不要跟随季氏犯上作乱。由此可见，孔子是以道和礼为准绳来判定君臣关系的。

13.《先进 11·26》

子路、曾皙、冉有、公西华侍坐。

子曰："以吾一日长乎尔，毋吾以也。居则曰：'不吾知也！'如或知尔，则何以哉？"

子路率尔而对曰："千乘之国，摄乎大国之间，加之以师旅，因之以饥馑，由也为之，比及三年，可使有勇，且知方也。"

夫子哂之。

"求，尔何如？"

对曰："方六七十，如五六十，求也为之，比及三年，可使足民。如其礼乐，以俟君子。"

"赤，尔何如？"

对曰："非曰能之，愿学焉。宗庙之事，如会同，端章甫，愿为小相焉。"

"点，尔何如？"

鼓瑟希，铿尔，舍瑟而作，对曰："异乎三子者之撰。"

子曰："何伤乎？亦各言其志也。"

曰："莫春者，春服既成，冠者五六人，童子六七人，浴乎沂，风乎舞雩，咏而归。"

夫子喟然叹曰："吾与点也！"

三子者出，曾皙后。

曾皙曰："夫三子者之言何如？"

子曰："亦各言其志也已矣。"

曰："夫子何哂由也？"

曰："为国以礼。其言不让，是故哂之。"

"唯求则非邦也与？"

"安见方六七十如五六十而非邦也者？"

"唯赤则非邦也与？"

"宗庙会同，非诸侯而何？赤也为之小，孰能为之大？"

【译文】

子路、曾皙、冉有、公西华四人在孔子处侍坐。孔子说："我年龄比你们大一些，不要因为我年长（你们就不敢说）。你们平时总说：'没有人了解我呀！'假如有人了解（你们），那你们怎样做呢？"

子路立即回答说："一个拥有一千辆兵车的国家，夹在大国中间，常常受到别的国家侵犯，加上国内又闹饥荒，让我去治理，只要三年，就可以使人们勇敢善战，而且懂得礼仪。"

孔子听了，微微一笑。

孔子又问："冉求，你怎么样呢？"

冉求答道："国土有六七十里或五六十里见方的国家，让我去治理，三年以后，就可以使百姓富足。至于礼乐教化，就要等君子来施行了。"

孔子又问："公西赤，你怎么样呢？"

公西赤答道："我不敢说能做到，只是愿意学习吧。在宗庙祭祀的活动中，或者诸侯盟会中，我愿意穿着礼服，戴着礼帽，做一个小小司仪。"

孔子又问："曾点，你怎么样呢？"

这时曾点弹瑟的声音逐渐放慢，接着"铿"的一声，离开瑟站起来，回答说："我想的和他们三位说的不一样。"

孔子说："那有什么关系呢？也就是各人讲自己的志向罢了。"

曾皙说："暮春时节，春服做好了（穿在身上），（约）五六位成年人，六七个少年，去沂河里洗洗澡，在舞雩台上吹吹风，一路唱着歌回家。"

孔子长叹一声说："我赞成曾皙的想法啊！"

子路、冉有、公西华三个人都出去了，曾皙走在后面。他问孔子说："他们三人的话怎么样?"

孔子说:"也就是各自谈谈自己的志向罢了。"

曾皙说:"夫子为什么要笑仲由呢?"

孔子说:"治理国家要讲礼让,可是他说话一点也不谦让,所以我笑他。"

曾皙又问:"那冉求讲的不是治理国家的事情吗?"

孔子说:"哪里见得六七十里或五六十里的土地就不是国家呢?"

曾皙又问:"公西赤讲的不是治理国家的事情吗?"

孔子说:"宗庙祭祀和诸侯会盟,这不是诸侯的事又是什么?像赤这样的人如果只能做一个小相,那谁又能做大相呢?"

【释读】

此章断句解说历来多有不同,兹取朱熹、钱穆的断句法。

朱熹《四书章句集注》:"曾点之学,盖有以见夫人欲尽处,天理流行,随处充满,无少欠缺。故其动静之际,从容如此。而言其志则又不过居其所居之位,乐其日用之常,初无舍己为人之意。而其胸次悠然,直与天地万物上下同流,各得其所之妙,隐然自见于言外。"

钱穆《论语新解》:"吾与点也,言吾赞同点之所言。盖三人皆以仕进为心,而道消世乱,所志未必能遂。曾皙乃孔门之狂士,无意用世,孔子骤闻其言,有契于其平日饮水曲肱之乐,重有感于浮海居夷之思,故不觉慨然兴叹也。然孔子固抱行道救世之志者,岂以忘世自乐,真欲与许巢伍哉?然则孔子之叹,所感深矣,诚学者所当细玩。……'吾与点也'之叹,其为宋明儒所乐道,甚有谓曾点'沂水春风''便是尧舜气象'者。朱(朱熹)注《论语》亦采其说,……后世传闻有朱子晚年深悔未能改注此节留为后学病根之说,读朱注者不可不知。"

读本章应该注意:其一,孔子听子路言而笑,非笑子路之志,乃笑子路的直言不让;其二,孔子赞赏曾点,却也深许另三人之志;其三,对于前人注疏要加入自己的思考和辨别,可"叩其两端而竭",形成自己的认识。

第 二 编

德行类

一、论道德

1.《里仁 4·15》

子曰："参乎，吾道一以贯之。"曾子曰："唯。"子出，门人问曰："何谓也？"曾子曰："夫子之道，忠恕而已矣。"

【译文】

孔子说："参啊，我讲的道是由一个基本的思想来贯穿的。"曾子说："是。"孔子出去之后，在座同学便问曾子："这是什么意思呀？"曾子说："老师的道，就是忠恕二字罢了。"

【释读】

"道"是儒家的最高理想或行事方法，其内涵比较复杂。孔子心中最高的道是"仁"，而"忠恕"是通向仁道最基本可行的门径。朱熹在《论语集注》里解释："尽己之谓忠，推己之谓恕。""忠"是尽自己的全部能力，"恕"是推己之心来对人。"仁"是至高之德，也是具体的善行，待人"忠恕"是"仁"的基本要求，是学习者当下的功夫，人人可以做到。因此曾子以"忠恕"之道来解释孔子的"吾道一以贯之"，应该是很恰当的。

2.《里仁 4·25》

子曰："德不孤，必有邻。"

【译文】

孔子说："有道德的人不会孤单，一定会有人来亲近。"

【释读】

孔子以为有德的人一定不会孤单。以孔子为例，他身处乱世，诸侯以力相尚，社会唯利是从；孔子修身行道，因此有三千弟子向他学习，其贤者七十二人，对后世产生了非常大的影响，这正好说明了"德不孤，必有邻"。

《易经·系辞》里说："方以类聚，物以群分。"（人类追求义理因志趣相同而相聚，万物也因本质不同而分别群聚。）《易经·乾卦》里也说："同声相应，同气相求。"（音色相同的乐器会互相响应，脾性相同的人物会互相吸引。）都说明有德者必不孤的道理。

3.《卫灵公15·27》

子曰："巧言乱德。小不忍则乱大谋。"

【译文】

孔子说："花言巧语能败坏人的德行。小事情不忍耐，就会败坏大事情。"

【释读】

参见"论言"之"言与德"第2。

4.《阳货17·13》

子曰："乡愿①，德之贼也。"

【注释】

①乡愿：特指乡里那种不分是非，同于流俗，言行不一，伪善欺世，处处讨好，而貌似谨厚老实的"老好人"。

【译文】

孔子说："没有真是非的好好先生，就是破坏道德的小人。"

【释读】

《孟子·尽心下》中解释"乡愿"："言不顾行，行不顾言，则曰：'古之人，古之人，行何为踽踽凉凉？生斯世也，为斯世也，善斯可矣。'阉然媚于世也者，是乡原也。"又说："非之无举也，刺之无刺也，同乎流俗，合乎污世，居之似忠信，行之似廉洁，众皆悦之，自以为是，而不可与入尧舜之道。故曰'德之贼'也。"

乡愿，是一种看起来很忠信，做事似很廉洁，看起来没有什么道德缺失的人。他对任何人都不肯批评，对任何事都没有意见，处世圆滑，不得罪任何人。他追求的是一乡的人不论好坏都要说他好。这种人会污染社会空气，使人不辨是非善恶。如果人人都是乡愿，那社会的公理正义就难以维持，因此孔子对这种人十分憎恶。

本章也可参看《子路 13·24》。

子贡问曰："乡人皆好之，何如？"子曰："未可也。""乡人皆恶之，何如？"子曰："未可也。不如乡人之善者好之，其不善者恶之。"

子贡问孔子说："全乡人都喜欢、赞扬他，这个人怎么样？"孔子说："这还不能肯定（他是好人）。"子贡又问孔子说："全乡人都厌恶、憎恨他，这个人怎么样？"孔子说："这也是不能肯定的（他是坏人）。最好的人是全乡的好人都喜欢他，全乡的坏人都厌恶他。"

由此可见，孔子并不喜欢"乡人皆好之"的乡愿，而是欣赏"乡人之善者好之，其不善者恶之"的正义之士。一乡的人都喜欢他，他可能是一个好好先生，用孔孟的话来说，他可能是一个乡愿，不一定是好人；一乡的人都厌恶他，他可能是一个特立独行的人，不一定是坏人。只有当好人喜欢他，坏人厌恶他时，我们才可以肯定他是一个好人。人之好恶可能会有很大的迷惑性，如不仔细体察，很可能随波逐流，对人的判断失去公允。孔子在《卫灵公 15·28》里说："众恶之，必察焉；众好之，必察焉。"要求对舆论必须分析考察，才能得出符合实际的判断和结论。

此章可学孔孟对待人事的态度：坚持自己的道德判定标准，而不盲目从众的冷静和理性。

5.《阳货 17·14》

子曰："道听而涂说，德之弃也。"

【译文】

孔子说："在路上听到传言就到处去传播，这是道德所抛弃的（应该革除的风气）。"

【释读】

孔子认为随意听信或传播无根之言，是有德者所不为的。孔子说："多闻阙疑，慎言其余，则寡尤。"（要多听，有怀疑的地方先放在一旁不说，其余有把握的，也要谨慎地说出来，这样就可以少犯错误。)(《为政 2·18》)经过"阙疑""慎言"的筛选后，便不易在德行上造成遗憾了。道听途说是一种背离道德准则的行为，而这种行为自古以来就存在。《战国策》有"三人成虎""曾子杀人"的典故，都是道听途说的典型例子。在现实生活中，有些人不仅道听途说，而且四处打听别人的隐私，不加分析辨别甚而不顾客观事实，到处传说，以此为乐，实乃无德之举。

二、论仁

本单元共选录十五章。"仁"是孔门哲学中最高的德行，整部《论语》共有五十九章提到"仁"字，共用了一百零九个"仁"字，但并没有一章很明确地为"仁"字下定义。因为仁是诸德圆融的最高境界，而每个人的才性气质不同，成德的方向也不一样，所以孔子只是很具体地从各种角度开示人应如何行仁，如此，"仁"又是针对不同人的具体言行。学习者也可由孔子的开示去揣摩"仁"是什么。

以下各章与其他单元一样在排列上仍依《论语》原来的篇章次序，以便读者在阅读过程中自己思考联类，能有更大的灵活性。

1.《里仁 4·1》

子曰："里仁为美，择不处仁，焉得知？"

【译文】

孔子说："以仁为邻，才是美的。如果择身所处不是在'仁'中，怎么能说是明智的呢？"

【释读】

程树德《论语集释》："里者，民之所居也。居于仁者之里，是为善也。"

个人的道德修养固然是自己的事，但又必然与所处环境有关。重视居住的环境，重视对朋友的选择，这是儒家一贯注重的问题。近朱者赤、近墨者黑，与有仁德的人住在一起，耳濡目染，就会受到仁者的影响；反之，就可能事倍功半。昔孟母三迁，使孟子能够在良好的环境中成长，最后果然造就了孟子，可见环境对道德人格形成的影响。

2.《里仁 4·2》

子曰："不仁者不可以久处约，不可以长处乐。仁者安仁，知者利仁。"

【译文】

孔子说："没有仁德的人不能长久地处在贫困中，也不能长久地处在逸乐中。只有仁人能够安于仁道，聪明的人则是认识到仁对他有利（才去追求仁的）。"

【释读】

此章中，孔子认为没有仁德的人不可能长久地处在贫困或安乐之中。他们会因为内心缺乏了坚定的修养，尤其是缺乏仁德的观念而为非作乱或者骄奢淫逸。只有仁者才能安于仁，他们不因环境而失其本心，易其所守；至于智者，他们能够明辨利害，也会行仁，虽不及仁者，然亦能修德，利己利人，值得赞许。颜回是孔子最得意的学生，孔子曾称赞颜回："贤哉回也，一箪食，一瓢饮，在陋巷，人不堪其忧，回也不改其乐。贤哉回也。"（《雍也 6·11》）颜回正是可以久处约的典范。又说："回也其心三月不违仁，其余则日月至焉而已矣。"（《雍也 6·7》）赞的是颜回对仁德的坚守。

3.《里仁 4·3》

子曰："唯仁者能好人，能恶人。"

【译文】

孔子说："只有仁者，能够（真心地）喜欢人，也能真心地厌恶人。"

【释读】

杨伯峻《论语译注》：仁者的爱憎是基于仁德的标准，"能好人，能恶人"，是因为"贵仁者爱恨得其中也"。

孔子以为只有仁人心中没有偏见，所以好恶能得其正。喜爱好人，厌恶坏人，本是人之常情，但如果人心不得其正，好恶的标准就不是"好坏"之别了，此时，好人不一定能得到喜爱，而坏人不一定被厌恶，如此，好人得不到公义的褒扬，而坏人也得不到公义的制裁，整个社会就会走向"君子道消，小人道长"的恶境。仁者秉心平正，能够好恶不偏私，社会的公理正义才能因此得到伸张，使社会步入"君子道长，小人道消"之善境。

所以仁者的爱憎是公正的，他们有爱憎的能力，其所爱之人，一定有道德的优长处，其所憎之人，也一定有道德的缺陷。不仁者的爱憎往往是基于一己之私情私利，不具备道德判断的价值。

在此章中孔子强调的是只有做到了"仁"，才会有正确的爱和恨的能力。

4.《里仁 4·4》

子曰："苟志于仁矣，无恶也。"

【译文】

孔子说："如果立志于仁，就不会做坏事了。"

【释读】

北宋杨慎说："苟至于仁，未必无过举也，然而为恶则无矣。"

5.《雍也 6·30》

子贡曰："如有博施于民而能济众，何如？可谓仁乎？"子曰："何事于仁？必也圣乎！尧舜其犹病诸。夫仁者，己欲立而立人，己欲达而达人。能近取譬，可谓仁之方也已。"

【译文】

子贡说："如果有人，能对民众广博施与和救济，如何呢？可算是仁人了吗？"孔子说："哪里只是仁人，一定是圣人了吧！就连尧、舜尚且难以做到呢。至于仁人，就是要想自己站得住，也要帮助人家一同站得住；自己想要显达，也要帮助人家一起显达。凡事能就近以自己作比，（推己及人，）可以说就是实行仁的方法了。"

【释读】

孔子明示子贡行仁之方，在于推己及人，不必好高骛远。

子贡想从博施于民、济助众人等去行仁道，孔子认为那是圣人的事功，恐怕如尧舜都不一定能够做到。其实，求仁之道不必舍近求远，所以孔子勉励子贡从浅近易行的恕道做起，"己欲立而立人，己欲达而达人"，"推己及人"。

"恕"也是孟子所谓的"爱的扩充"，由爱自己而扩充至爱父母、爱儿女，推而爱一切老人和孩子。人我一体，从自身取比，推及他人，即是行仁之道。

孔子施教，总是从平常的地方入手，不好高骛远，这是孔子思想最可贵的特色。

6.《述而7·30》

子曰："仁远乎哉？我欲仁，斯仁至矣。"

【译文】【释读】

参见"孔子之学"第11。

7.《颜渊12·1》

颜渊问仁。子曰："克己复礼为仁。一日克己复礼，天下归仁焉。为仁由己，而由人乎哉？"颜渊曰："请问其目。"子曰："非礼勿视，非礼勿听，非礼勿言，非礼勿动。"颜渊曰："回虽不敏，请事斯语矣。"

【译文】

颜渊问怎样做才算仁。孔子说："约束自我，践行礼，这就是仁。一旦这样做了，天下的一切就都归于我心之仁了。实行仁德，完全在于自己，难道还凭靠别人吗？"颜渊说："请问实行仁的具体途径。"孔子说："不符合礼的不要看，不符合礼的不要听，不符合礼的不要说，不符合礼的不要做。"颜渊说："我资质虽然愚笨，也要照您的话去做。"

【释读】

这是《论语》中最重要的篇章之一。

孔子借由颜渊"怎样做才算仁"的提问，不仅回答了何为"仁"，而且提示了"仁"、"礼"与"克己"的关系。"复礼"的前提是"克己"，"约束自己"来践行"礼"就是"仁"，"故仁道必以能约束自身为先"，"仁存于心，礼见之于行，内外心行合一始成道"（钱穆《论语新解》）。

8.《颜渊12·2》

仲弓问仁。子曰:"出门如见大宾,使民如承大祭;己所不欲,勿施于人;在邦无怨,在家无怨。"仲弓曰:"雍虽不敏,请事斯语矣。"

【译文】

仲弓问怎样做才是仁。孔子说:"平常出门办事如同会见贵宾,在上使民像承担大的祭祀一般,(都要认真严肃。)自己不想要的,便不要强加于别人;在邦国中,在家族中,应能无所怨恨。"仲弓说:"雍资质虽钝,但也请让我照您的话去做吧。"

【释读】

此章是孔子对仲弓说"仁"。涉及"仁"的两个内容。

一是事君使民都要严肃认真。"出门如见大宾,使民如承大祭"是敬,凡事心存诚敬,便会战战兢兢,行不违仁。

二是要宽以待人。"己所不欲,勿施于人"是恕,能设身处地为人着想,便会心存忠厚,日近于仁。做到了这两点,就向仁德迈进了一大步。当能"在邦无怨,在家无怨",无入而不自得。

9.《颜渊12·3》

司马牛问仁。子曰:"仁者,其言也讱。"曰:"其言也讱,斯谓之仁已乎?"子曰:"为之难,言之得无讱乎?"

【译文】

司马牛问如何做才是仁。孔子说:"仁人说话是缓慢慎重的。"司马牛说:"说话缓慢慎重,这就可以叫作仁了吗?"孔子说:"(因为知道)做起来难,说起来怎能不迟缓慎重?"

【释读】

本章是孔子指点司马牛实践仁德,应该从说话有所忍耐入手。

《史记·仲尼弟子列传》说司马牛"多言而躁",从本章所记也可以加以印证。孔子告诉司马牛:"仁者,其言也讱。"司马牛全然不去寻思,就立刻再问："其言也讱，斯谓之仁已乎？"由此可见，司马牛的确是个心急言躁的人。

孔子指点弟子修德为仁，常是"就其病而药之"，既然司马牛多言而躁，孔子就提出克己讱言之道，提示他行仁的方法。孔子担心司马牛误会了"讱"只是不说话或少说话，所以拈出"说话要有所克制忍耐，并且言行相顾"的道理，让司马牛省思，希望他改掉自己的毛病，言行慎重，克己为仁。所以，这里"讱"的具体行为是为"仁"服务的，为了"仁"，就必须"讱"。这种思想与本篇第 7 中所说"克己复礼为仁"基本是一致的。

10.《子路 13·19》

樊迟问仁。子曰："居处恭，执事敬，与人忠。虽之夷狄，不可弃也。"

【译文】

樊迟问如何才是仁。孔子说："平常独居当能做到规矩不放肆，处理事务要严肃认真，与人交往忠诚信实。即使到了夷狄之地，也不可背弃（这些原则）。"

【释读】

樊迟勤学好问的精神，非常人所能及。孔子曾说他是"乡野小人"，意思是志气不够大。所以孔子回答樊迟问仁，说得非常平实，多从生活层面入手。这里孔子对"仁"的解释，以"恭""敬""忠"三个德目为基本内涵：在家独处要恭敬有礼，就是要符合孝悌的道德要求；办事严肃谨慎，就是要符合"礼"的要求；待人忠厚诚实显示出仁德的本色。这种态度，纵然到文化水准较低的蛮夷之邦也不可废弃，它们是放之四海而皆准的生活准则。

11.《子路 13·27》

子曰："刚、毅、木、讷近仁。"

【译文】

孔子说："刚强、坚毅、质朴、讷言，（这四者）接近于仁德。"

【释读】

孔子认为"仁"是道德的最高的境界。对于其门人弟子，无一轻许其为"仁"，对于颜回也只是说"其心三月不违仁"。本章是孔子指示门人达成"仁"的途径。

"刚、毅、木、讷"四者与"仁"的关系如何？何以孔子说四者"近仁"？《公冶长5·11》记载孔子批评弟子申枨说："枨也欲，焉得刚？"欲念多的人无法刚正，反之，"刚"者无欲，所以不自私，近乎"仁"。《泰伯8·7》载曾子之言："士不可不弘毅，任重而道远。仁以为己任，不亦重乎？死而后已，不亦远乎？"所以"毅"者，果断坚定，能不屈不挠勇往直前，为人谋福利，近乎"仁"。《学而1·3》载孔子之语："巧言令色，鲜矣仁。"正与"刚、毅、木、讷"形成鲜明的对照。刚毅者绝无"令色"，木讷者不"巧言"。反之，说讨人喜欢的话来谄媚人，装出讨人喜欢的脸色来奉承人的，这种人是很少具有仁心的。质朴敦厚、不巧言令色的人，就不会弄虚作假而与本心大相违背，所以近乎"仁"。

刚则无欲，毅则果敢坚忍，木则率真笃实，讷则真诚力行，具有这四种气质的人，能渐自完成最高的人格塑造。

其中"讷言"一项，似与现代人夸巧弄智、言语满天飞而成两种境界。尤其是网络时代，人们如能以古德为训，加入理性克制，木讷慎重一些，就会在一定程度上净化社会环境，营造文明美好的生存空间。

12.《卫灵公15·9》

子曰："志士仁人，无求生以害仁，有杀身以成仁。"

【译文】

孔子说："志士仁人，不会为苟全性命而损害仁德，（总是）宁肯牺牲自己的性命来成全仁德。"

【释读】

孔子言志士仁人视"仁德"重于生命。是流传至今的格言警句。

孔子在此表述的生死观是以"仁"为最高原则的。生命对每个人来讲都十分宝贵，但还有比生命更可宝贵的，那就是"仁"。"杀身成仁"，就是要人们在生死关头宁可舍弃自己的生命也要保全"仁"。"这是一种道德和超道德的

（境界），所谓超道德，就是指'仁'发自内心而可与宇宙交通；所谓'浩然之气'，'沛然而莫之能御'，均'集义所生'（孟子）的道德而超道德。"（李泽厚）自古以来，它激励着多少仁人志士为国家和民族的生死存亡而抛头颅、洒热血，谱写了一首首可歌可泣的壮丽诗篇，成为中华民族的"刚性"所在。

13.《卫灵公 15·10》

子贡问为仁。子曰："工欲善其事，必先利其器。居是邦也，事其大夫之贤者，友其士之仁者。"

【译文】

子贡问怎样实行仁德。孔子说："工匠想把活儿做好，必须首先使他的工具锋利。住在一个国家，就要事奉那些有贤德的大夫，与有仁德的知识分子交朋友。"

【释读】

此章是孔子教子贡为仁在于事贤友仁，以成其德。

"工欲善其事，必先利其器"这句话已为人们所熟知。孔子以此为喻，说明实行仁德的方式，就是要先事奉贤者，结交仁者。君子处在一个邦国，要事奉贤能的大夫，以观摩其临民接物的方式与从政治事的学问，以备为社会服务。君子择友，必交仁德之士，其意在修道辅仁。晏子曾说："吾闻君子居必择处，游必择士也。居必择处，所以求士也；游必择士，所以修道也。"（我听说，君子居家一定会挑处所居住，出游也会选择有修养的士人为友。居家挑处所，目的在找到好的士人；出游选择有修养的士人，目的在修成道德。）（见刘向《说苑·杂言》）"择士以修道，交友以辅仁"，就是"友其士之仁者"的注解。

14.《卫灵公 15·36》

子曰："当仁，不让于师。"

【译文】

孔子说："面对着仁德，对老师也不必谦让。"

【释读】

此章是孔子鼓励门人要勇于行仁。

仁是衡量一切是非善恶的最高准则。孔子自始至终将实现仁德放在第一位。既然有"杀身以成仁",那么在仁德面前连孔门一向所推崇的尊师也可放于次要地位。当然,孔子之意并非要人不尊师,而是认为行仁之事应自然出于本心,它比尊师更重要更具急迫性,好比我们看到一个人要掉到井里去,不能因为有老师在而不急于去拯救,救命是不能谦让的。所以行仁宜勇,无须谦让!更何况老师传道的目的,就是让学生践行仁德,所以对于勇于行仁之人事自然喜闻乐见。

由此章我们可看出儒门对仁德之推崇,也再次看见孔子思想所注重的实质内涵。

15.《阳货17·6》

子张问仁于孔子。孔子曰:"能行五者于天下,为仁矣。""请问之。"曰:"恭、宽、信、敏、惠。恭则不侮,宽则得众,信则人任焉,敏则有功,惠则足以使人。"

【译文】

子张向孔子问仁。孔子说:"能够在天下实行五种品德,就可以说是仁了。"(子张说:)"请问哪五种?"孔子说:"恭敬、宽厚、诚实、勤敏、慈惠。恭敬就不会被人侮辱,宽厚就会得到大家的拥护,诚信就能得到别人的信任,勤敏就容易成功,能对人有恩惠就能够指挥人。"

【释读】

孔子教子张涵养仁心的功夫。

一个人若能以恭敬之心修己待人,自然谨慎有礼,言行有度,不会招致侮慢,这是敬慎的美德。待人之际,能够宽厚而包容,凡事设身处地为别人着想,多留余地,就能获得众人的爱戴和拥护,这是宽容的气象。接物处事时,诚恳信实,无所欺瞒,才能得到上司、朋友、下属的信赖,这是真诚的品格。做事勤快敏捷,有效率,不拖延,就会有显著的工作绩效以服务社会,这是勤敏力行的德行。而"力行"则"近乎仁"(《中庸》)。总之,恭、宽、信、敏、惠都是仁心仁德的表现,而此五德要随时随地力行实践,方能日臻仁境。

三、论孝友

1.《学而1·2》

有子曰："其为人也孝弟，而好犯上者，鲜矣；不好犯上，而好作乱者，未之有也。君子务本，本立而道生。孝弟也者，其为仁之本与?"

【译文】

有子说："为人孝顺父母，顺从兄长，而喜好冒犯上级的，是很少见的。不喜好触犯上级，而喜好造反作乱的人，是从来没有的。君子专心致力于根本的事务，根本建立了，道也就由此而生了。孝顺父母、顺从兄长，这就是仁的根本啊!"

【释读】

"仁"是孔学的根本范畴，是道德修养的最高境界，是人格的理想。由"礼"归"仁"，是孔子的创造性的贡献。"孝悌"可以是内存于心的修养，也可以是形之于外的"践行"，"孝悌"之行即为"礼"。

有子认为，人们如果能够在家中对父母尽孝，对兄长顺服，那么他在外就可以对国家尽忠了。忠以孝悌为前提，孝悌以忠为目的。儒家认为，在家中实行了孝悌，统治者内部就不会发生"犯上作乱"的事情；再把孝悌推广到劳动民众中去，民众也会绝对服从，而不会起来造反，这样就可以维护国家和社会的安定。

孔子的这种观念，基于孔子时代的社会制度。春秋时期，周天子实行嫡长子继承制，其余庶子则分封为诸侯，诸侯以下也是如此。整个社会从天子、诸侯到大夫这样一种政治结构，其基础是封建的宗法血缘关系，而孝悌说正反映了当时宗法制社会的道德要求。

孝悌与社会安定有直接关系。春秋战国以后的历代封建统治者和文人，都继承了孔子的孝悌说，主张"以孝治天下"。

孟子继承了孔子的思想，他说："人人亲其亲，长其长，而天下平。"又说："尧舜之道，孝悌而已矣。"

孝悌说的产生是为封建统治和宗法家族制度服务的，对此我们应有所认识。身处当代社会，我们在经典学习的过程中，应"古为今用"，抛弃其中不合时代发展要求的部分，继承其合理的内容，从而充分发挥道德在社会安定方面应有的作用。

2. 《学而 1·9》

曾子曰："慎终①追远，民德归厚矣。"

【注释】

①慎终：慎，诚也（《尔雅·释古》）。终，指父母去世。

【译文】

曾子说："慎重地对待父母的去世，追念祭祀久远的祖先，老百姓的品德就会日趋忠厚老实了。"

【释读】

朱熹《四书章句集注》："慎终者，丧尽其礼。追远者，祭尽其诚。"

儒家重视孝的道德，是因为孝是忠的基础，一个不能对父母尽孝的人，他是不可能为国尽忠的。所以忠是孝的延伸和外化。对父母"丧尽其礼"，对祖先"祭尽其诚"恰恰是"孝道"的延续。通过"葬礼"和"祭祀"寄托对父母先祖的哀思和追念，是"孝"的内涵的深化。

荀子说："祭者，志意思慕之情也。圣人明知之，士君子安行之，官人以为守，百姓以成俗。"

慎终、追远首先是对上层统治者的要求。如果国君和上层能慎终追远，对先人能够体现纯诚的孝思，其为仁厚之人，自然可知。为政者笃行孝亲仁厚之德，以身作则，臣民自然认同跟从，蔚然成仁孝之风。所以"民德归厚"是"慎终追远"的必然结果。

3. 《为政 2·5》

孟懿子①问孝，子曰："无违。"樊迟御，子告之曰："孟孙问孝于我，我对曰无违。"樊迟曰："何谓也。"子曰："生，事之以礼；死，葬之以礼，祭之以礼。"

【注释】

①孟懿子：鲁国的大夫，三桓之一，姓仲孙，名何忌，"懿"是谥号。其父临终前要他向孔子学礼。

【译文】

孟懿子问怎样做是孝，孔子说："孝就是不要违逆。"（后来）樊迟给孔子驾车，孔子告诉他："孟孙问我什么是孝，我回答他说不要违逆。"樊迟说："不要违逆是什么意思呢?"孔子说："（父母）活着的时候，要按礼制侍奉他们；（父母）去世后，要按礼安葬他们、祭祀他们。"

【释读】

孔子的主张一以贯之，与前面几章内容相同，用遵守"礼制"来实现"孝道"。但孔子对孟懿子言孝，又有其针对性。春秋时期，鲁国的仲孙氏、叔孙氏、季孙氏三个大夫之家都是鲁桓公的后代，位高权重，经常使用鲁公诸侯之礼，严重违反礼制。孟懿子属于仲孙氏家族，其父孟僖子曾遗命孟懿子学礼于孔子，他是孔子的早期学生。在此，孔子借孟懿子问礼的机缘，扣紧"礼"的精神，教以"无违"阐述实践孝道之方。

4.《为政2·6》

孟武伯①问孝，子曰："父母唯其疾之忧。"

【注释】

①孟武伯：孟懿子的儿子，名彘。武是他的谥号。

【译文】

孟武伯问怎样做是孝。孔子说："（使）做父母的，只为子女的疾病担忧。（这样做就可以算是尽孝了。）"

【释读】

本章是孔子对孟懿子之子问孝的回答。

其中对孔子所说"父母唯其疾之忧"的意思，历来有不同的解释：

（1）父母爱自己的子女，无所不至，唯恐其有疾病，子女能够体会到父母的这种心情，在日常生活中格外谨慎小心，避免疾病或受伤。

（2）做子女的，只需让父母在自己有病时担忧，但在其他时候其他方面就不必（让父母）担忧了，表明父母的亲子之情，子女对父母的体贴。

（3）子女只要为父母的病疾而担忧，其他方面不必过多地担忧。

杨伯峻《论语译注》采用的是第一种说法。子女的身心无疾病伤痛之灾，而有德智体群之美，父母还有什么可以忧虑的呢？

孟武伯谥号"武"，其性情可能一向勇猛，父母总是怕他惹是生非，遭难遇祸，所以孔子用语浅意深、委婉含蓄的言辞指点他行孝之方，耐人寻味。

5.《为政 2·7》

子游问孝，子曰："今之孝者，是谓能养。至于犬马，皆能有养，不敬，何以别乎？"

【译文】

子游问如何是孝，孔子说："今天所谓的孝，只讲能够赡养父母。然而，就是犬马一样能够得到（人的）饲养。如果不存心孝敬父母，那么赡养父母与饲养犬马又有什么区别呢？"

【释读】

本篇还是谈论孝的内涵。

对于"至于犬马，皆能有养"一句，历来也有几种不同的解释。一是说狗守门、马拉车驮物，也能侍奉人；二是说犬马也能得到人的喂养。此处采用后一种说法。孟子曾以"养志"（奉养父母能从心里顺从其意志）尤重于"养口体"（对父母的口腹之养）的道理阐发孝道（见《孟子·离娄上》）。或许是对孔子主张的具体说明。

6.《为政 2·8》

子夏问孝，子曰："色难。有事，弟子服其劳；有酒食，先生馔，曾是以为孝乎？"

【译文】

子夏问如何是孝，孔子说："（当子女的要尽到孝，）最难的就是对父母的容色上，（仅仅）是有事时，儿女替父母去做，有了酒饭，让年长的先吃，这难道就可以算是孝了吗？"

【释读】

孔子教导子夏孝养双亲之际，必须和颜悦色。

子女对父母的爱慕、依恋和关怀，是发自内心，与生俱来的。因此，侍奉父母时，心中自有一种祥和之气，脸上自有一种愉悦之容。但一般人在与父母相处时，往往忽略了"诚于中、形于外"的愉悦之色、和婉之容。所以孔子强调，子女孝敬父母时，不只要注重表面的、物质的供养，更重要的是表现出内心的恭敬和顺之思。朱熹《论语集注》认为子夏的个性比较直率，可能缺少温和的表情，因此孔子针对子夏的个性，做了"色难"的提醒和叮咛。

以上数章，都是孔子回答"如何做是孝"，正像"问仁""问政"一样，其回答因人而异。"这不但说明孔子完全根据具体情况（不同的人、事、境遇、问题、缺点等）给予不同的回答，更重要的是，孔子学说确认'真理'总是具体而多元的，即在此各种各样的具体人物、事件、对象的活动、应用中，即'道在伦常日用中'。"（李泽厚）"道不远人"，"道"在于社会生活中不同的人以不同方式的践行，这体现了儒家强调个人积极进取、奋斗不息的入世精神！"天行健，君子以自强不息"，这种着眼现世的实用理性精神，是中华文化历经苦难摧残而未中断磨灭的重要原因。

7.《里仁 4·18》

子曰："事父母几①谏，见志不从，又敬不违，劳②而不怨。"

【注释】

①几(jī)：轻微、婉转的意思。②劳：忧愁、烦劳的意思。

【译文】

孔子说："侍奉父母，（如果父母有不对的地方，）要委婉劝说（他们）。看见自己的心意没有被听从仍对他们恭敬而不背逆，虽然忧愁，但不怨恨。"

【释读】

孔子教导做子女的劝谏父母时，态度语气要恭敬委婉。

人非圣贤，孰能无过？父母如有过失，子女要设法劝谏，以避免父母陷于不义的处境。但劝谏父母要注意态度方式。态度要恭敬和顺，言辞要委婉含蓄，才可能让父母欣然接受；假使父母不受劝谏，也要恭敬而不唐突，可以想方设法成全父母之德，而不生怨恨之心。需如此，才算克尽孝道。

对于本章，应该取其在任何情况下不违反孝敬父母的初心的合理内核，但对父母的依顺，也要合宜适度，尤其是当父母的行为逾越了道义和法律时，就应该秉持良知和正义，哪怕义正辞严，也要劝止。

8.《里仁 4·21》

子曰："父母之年，不可不知也。一则以喜，一则以惧。"

【译文】

孔子说："（对于）父母的年龄，不可不知道并记在心里啊！一方面（为他们的长寿而）高兴，一方面（又为他们的衰老而）恐惧。"

【释读】

朱熹《四书章句集注》：知，犹记忆也。常知父母之年，则既喜其寿，又惧其衰，而于爱日之诚，自有不能已者。

"喜"是因其虽然年岁已增，但仍健在；"惧"是因其年岁增长以至衰老而近死亡。这是尽孝的一种细致入微的心理情感。

9.《泰伯 8·3》

曾子有疾，召门弟子曰："启①予足！启予手！《诗》云②：'战战兢兢，如临深渊，如履薄冰。'而今而后，吾知免③夫，小子！"

【注释】

①启：开启，曾子让学生掀开被子看自己的手脚。②《诗》云：以下三句引自《诗经·小雅·小旻》。③免：指身体免于损伤。

【译文】

曾子病重，把他的学生们召来，说："看看我的脚！看看我的手（看看有没有损伤）！《诗经》上说：'小心谨慎呀，好像面临深渊，好像脚踩在薄冰上。'从今以后，我知道我的身体是不会（再受到损伤了），弟子们！"

【释读】

曾子在年老病重、弥留之际，让随侍在侧的弟子掀开衾被，检视手足四肢，并反复叮咛警醒"身体发肤，受之父母，不敢毁伤"的善事父母之道。言教与身教并行，可谓用心良苦。

子女的形体、生命，来源于父母，是父母生命的延续，因此作为子女，应该珍惜生命，涵养精神，不做无意义的残毁和无价值的牺牲，这是"不敢毁伤"的道理。至于牺牲小我，成全大我，舍生取义的做法，体现的是至仁至义，是延续道德生命于无穷，是实践了最高的孝道，与此并不矛盾。《孝经》里说："立身行道，扬名于后世，以显父母，孝之终也。"

10.《颜渊12•5》

司马牛忧曰："人皆有兄弟，我独亡。"子夏曰："商闻之矣：死生有命，富贵在天。君子敬而无失，与人恭而有礼，四海之内，皆兄弟也。君子何患乎无兄弟也?"

【译文】

司马牛忧愁地说："别人都有兄弟，只有我没有。"子夏说："我听说过：'死生有命，富贵在天。'君子只要对待所做的事情严肃认真，不出差错，对人恭敬而合乎礼，那天下人就都是自己的兄弟了。君子何愁什么没有兄弟呢?"

【释读】

子夏开导司马牛顺任天命，修己恭敬，无须以失去兄弟为忧。

司马牛的哥哥桓魋是宋国的权臣，谋叛宋景公，失败出亡。几个兄弟也都因此流亡国外。司马牛辗转到了鲁国。他遭逢人伦变故，又失去了富贵，内心抑郁，可想而知。

子夏首先针对司马牛的骤失富贵，加以安慰。他说：人的死生富贵都是老天安排的，无法强求。昔日的富贵如过眼云烟，不足萦怀。得失既已忘怀，忧愁自然消失。

其次，子夏阐述了广义的兄弟之谊，来宽慰好友。君子除了顺受天命外，若能积极地以敬持身，没有过失，又能待人恭敬，合于礼节，那么全天下的人都会乐于和他相处，把他看成兄弟了，这就是"四海之内皆兄弟"的道理。

子夏以孔门义理慰勉司马牛于患难之中，情义深挚，可以说是"忠告善道"与"以友辅仁"的典范。

11.《颜渊12·23》

子贡问友。子曰："忠告而善道之，不可则止，毋自辱也。"

【译文】

子贡问怎样交朋友。孔子说："忠诚劝告，恰当地引导他，如果他不听也就算了，不要自取其辱。"

【释读】

朱熹《四书章句集注》："友所以辅仁，故尽其心而告之，善其说以道之，然以义合者也，故不可则止。若以数而见疏，则自辱焉。"

交友的目的是辅助实现对"仁德"的追求，朋友间要诚信相待，相切以仁。所以，对待朋友的错误，第一要"忠告"，据事依理，加以规劝；再则是"善道"，要因人、因事、因情、因境而深思熟虑，加以诱导。但有时，忠告诱导未必被朋友所接受，那最好的办法就是停止劝谏，以避免自取其辱。自己的意见不宜强加于人，即便是朋友也应尊重彼此的平等和独立。难怪谭嗣同认为"五伦"中"四伦"（君臣、父子、夫妇、兄弟）可废，朋友一伦最值得称赞。《论语》中对朋友作为主体的承认和尊重至今仍闪耀着不可磨灭的人性光辉。

12.《颜渊12·24》

曾子曰："君子以文会友，以友辅仁。"

【译文】

曾子说："君子通过学问、文章来会聚朋友，通过朋友帮助自己来培养仁德。"

【释读】

儒家认为人生的终极目标在仁德的完美实践，因此结交朋友就是要相互规过劝善，砥砺切磋，以实践仁德。曾子继承了孔子的思想，主张以文章学问作为结交朋友的手段，以互相帮助培养仁德作为结交朋友的目的。这是君子之所为。

13.《季氏16·4》

孔子曰："益者三友，损者三友。友直，友谅①，友多闻，益矣。友便辟②，友善柔③，友便佞④，损矣。"

【注释】

①谅：诚信。②便辟：惯于走邪道。③善柔：善于和颜悦色骗人。④便佞：惯于花言巧语。

【译文】

孔子说："有益的朋友有三种，有害的朋友有三种。与正直的人交朋友，与诚信的人交朋友，与见闻广博的人交朋友，是有益的。与虚浮的人交朋友，与圆滑的人交朋友，与夸夸其谈的人交朋友，是有害的。"

【释读】

朱熹《四书章句集注》："便辟，为习于威仪而不直；善柔，谓工于媚说而不谅；便佞，谓习于口语而无闻见之实。"

此章是孔子教人择友当谨慎，以免交到损友。结交正直的朋友，可相与忠告责善，笃守正道；结交诚信的朋友，则肝胆相照，可托重任；结交博学多闻的朋友，可以辅仁游艺，研习学问。和上述三种人交朋友，接受其熏习陶冶，如入芝兰之室，久之，不觉潜移默化，也成为君子贤士。

使人受损的朋友也有三种。有些人善于与人逢迎周旋，无论走到哪里，都摆出一副足恭卑顺的姿态，另有些人，待人接物之际，总是表现出谄媚阿谀的脸色；至于伶牙俐齿、巧言浮辞、不学无术、言行不一的人，更是不少。假使和这些便辟(足恭、体柔)，善柔(令色、面柔)，便佞(巧言、口柔)的人做朋友，时间久了，种种浮薄不实的习气也会濡染自己的身心，甚至积非成是，而有败德丧身之虞。

孔子叮嘱世人慎交益友，修身进德，真是用心深长啊！

四、论君子

1.《学而 1·8》

子曰："君子，不重则不威；学则不固①。主忠信。无②友不如己者③；过则勿惮改。"

【注释】

①学则不固：有两种解释：一是作坚固解，与上句相连，不庄重就没有威严，所学也不坚固；二是作固陋解，喻人见闻少，学了就可以不固陋。此取用后一种。②无：通"毋"，"不要"的意思。③不如己：一般解释为不如自己。另一种解释说，"不如己者，不类乎己，所谓'道不同不相为谋'也"。把"如"解释为"类似"。此取用第一种。

【译文】

孔子说："君子，不庄重就没有威严；学习可以使人不闭塞；（行事）要以忠信为主，不要与不如自己的人交朋友；有了过错，就不要怕改正。"

【释读】

本章为孔子教弟子修养的功夫：态度要庄敬厚重，使自身有威仪；只有努力向学，才能避免见闻浅陋。做人能忠诚信实，结交益友，相互切磋，知过必改。全章精神在于君子要"踏实厚重"，以之修身、为学、交友、砥砺品行，可一生受益无穷。

"无友不如己者：与不如己者为友无益有损。"（钱穆《论语新解》）人各有所长，交友应该能认识到朋友的长处和优点，从而向对方学习。春秋时，齐国的鲍叔牙和管仲相友善，后人称之为"管鲍之交"。论地位，鲍家是齐国的世家，门第很高，管不如鲍；论才具，管大才，鲍不如管。二人曾合伙经商，按当时情形，这营生是鲍出资、管出力，但在分红时，管却拿多了，但鲍很谅解，认为管仲家贫，应该多拿些。管鲍二人，一个是才具较高，一个是德行较好，各有优长之处，可供对方学习，交情才得以建立。所以交友要学习对方的长处、优点，这样才能"以友辅仁"。

2.《为政 2·12》
子曰："君子不器。"

【译文】

孔子说："君子不像器具那样（只有某一方面的用途）。"

【释读】

朱熹《四书章句集注》："器者，各适其用而不能相通。成德之士，礼无不具，故用无不周，非特为一才一艺而已。"

只具一技一长而不能通贯万事万物共同道理的人，就叫"器"。君子不器，就是君子不会成为某种特定的工具和机械，而是要具备全方位的德才。

"君子"是孔子心目中具有理想人格的人，应该担负起治国安邦之重任。孔子治学，首在修德，而进德修业以通贯为先，不以一技一艺为贵。《里仁篇》中，孔子对曾子说："吾道一以贯之。"曾子解释这"一贯之道"是"忠恕"，忠恕是修德之事，而非某种技能的学习。"君子不器"正是孔子强调修德的目标。他曾自评"七十而从心所欲，不逾矩"（《为政 2·4》）。正是修养到了通达的地步，此时的孔子做起事来，都能得心应手却不失规矩。所以，"君子"一词，是"德"与"才"都出众的名词，而"德"是体，"才"是用，唯其"德"备，"才"的发挥才有意义，否则有才无德，可能还会做出危害社会的事来。有关"君子不器"还可与以下两章内容联类。

其一，《子罕 9·6》。

太宰问于子贡曰："夫子圣者与？何其多能也？"子贡曰："固天纵之将圣，又多能也。"子闻之，曰："太宰知我乎？吾少也贱，故多能鄙事。君子多乎哉？不多也。"

【译文】

太宰问子贡："老师是圣人吗？为什么如此多才多艺？"子贡说："老天本来就要他成为圣人，又要他多才多艺。"孔子听说后，说："太宰了解我吗？我小时候生活艰难，所以会干一些粗活。真正的君子会有这么多技艺吗？不会有的。"

其二,《子罕 9·7》。

牢曰:"子云:'吾不试,故艺。'"

【译文】

牢说:"孔子说:'我不被国家任用做官,所以学得了些技艺。'"

以上两则可以说明孔子对技艺的看法。

鲍鹏山《论语导读》:"在孔子时代,'圣'有两种含义:一指'圣知',即具有广博的知识和多项才能;二指德行高尚。后世关于'圣'字,理解偏于后者,'圣人'也就指大德之人。孔子显然不以多能为贵,他认为一些专业才能是只要学习就会拥有的,并不难得也不珍贵。君子之道在于修身养性,在于培养仁义道德,在于培养价值的判断力。"

3.《为政 2·13》

子贡问君子。子曰:"先行其言而后从之。"

【译文】

子贡问怎样做一个君子。孔子说:"先践行所要说的话,(然后)再说出来(这就够说是一个君子了)。"

【释读】

孔子开示子贡,君子注重力行,不尚空言。"言行一致"是孔子教与学的重要内容。孔子曾说:"君子讷于言而敏于行。"(《里仁 4·24》)又说:"君子耻其言之过其行。"(《宪问 14·27》)这都说明孔子心目中的君子,要谨言慎行,要说到做到,忌说大话。孔子对于言的主张,现代人应以之为鉴。

4.《里仁 4·10》

子曰:"君子之于天下也,无适①也,无莫②也,义③之与比④。"

【注释】

①适(dí):意为亲近、厚待。②莫:疏远、冷淡。③义:适宜、妥当。④比:亲近、相近、靠近。

【译文】

孔子说:"君子对于天下的人和事,没有固定的厚薄亲疏,只是按照义去做(怎样干合理恰当,就怎样干)。"

【释读】

钱穆《论语新解》:"此章(又)特言义,仁偏在仁心,义偏在应务,仁似近内,义似近外。此后孟子常以'仁义'连说,实深得孔子仁礼兼言、仁知兼言之微旨。"

本章盖孔子常见人对某些事物不是盲目排斥,便是盲目钦羡,或仅凭一己之好恶而排斥或钦羡,经常处于无知和缺乏理性的状态,以此提示"君子之义"。

5.《雍也 6·18》

子曰:"质①胜文②则野③,文胜质则史④。文质彬彬⑤,然后君子。"

【注释】

①质:朴实、自然,无修饰的。②文:文采,经过修饰的。③野:粗鲁、鄙野,缺乏文采。④史:言辞华丽,有虚伪、浮夸的意思。⑤彬彬:指文与质配合恰当的样子。

【译文】

孔子说:"质朴超过文采,就流于粗野;文采多于质朴,就流于虚伪、浮夸。只有质朴和文采配合恰当,才是君子。"

【释读】

此章概括了孔子的文质思想,阐释了文与质对立统一的关系。

对于一个人而言,其内在和外表都很重要。内在精神,谓之"质",包括学问、道德等;外表修饰,谓之"文",可指口才、仪态等。假如一个人学问很好,却拙于言辞,不会表达;或者品德很好,却仪容不整,不够雅观,就会给人粗野的印象,这是"质胜文"的表现。反过来,如果一个人的言辞流利却没有内容;相貌堂堂,威仪过人,却品德低下,就会给人浮夸虚假的印象,这是"文胜质"的结果。"质胜文"或"文胜质"都有缺憾,因此,内在与仪表、朴实与文采要配合得当，才能成为表里如一、彬彬文雅的君子。还可以说，一个人的内在与外表犹如一篇文章的内容和形式。内容指修养气度，就像文章所表达的思想观念；而形式指仪表举止，就像文笔或书法。内外兼美，才能成为一个彬彬君子。

6.《泰伯 8·6》

曾子说："可以托六尺之孤①，可以寄百里之命②，临大节而不可夺也。君子人与？君子人也。"

【注释】

①托六尺之孤：孤，死去父亲的小孩叫孤，六尺指 15 岁以下，古人以七尺指成年。托孤，受君主临终前的嘱托辅佐幼君。②寄百里之命：寄，寄托、委托。百里之命，指掌握国家政权和命运。

【译文】

曾子说："可以把幼小的君主托付给他，可以把国家的命运交付给他，面临生死存亡的紧急关头而不能动摇改变他。这样的人是君子的为人吗？当然是君子的为人啊！"

【释读】

有道德、有知识、有才干，是孔子为统治者培养的德才兼备的君子：他能临危受命辅佐幼君，承继大统；他也可以克尽忠诚，为统治者执掌国家命运。这样的人在生死关头决不动摇，忠贞不渝，这才是具有君子品格的人。

周朝的君位是世袭的，周武王死后，其子成王年纪尚幼，就由武王的弟弟周公辅佐成王，代理摄政。管叔、蔡叔、霍叔忌周公，散布周公将篡位的流言，周公乃避居东部，后来成王迎周公归。三叔惧怕，挟殷之后裔武庚叛乱，成王命周公东征，杀武庚，诛贬三叔，稳定东南局势。周公归后改定官制，创制礼法，周之文物大备。最后，周公还政成王，早年的流言不攻自破，周公真的是"可以托六尺之孤，可以寄百里之命，临大节而不可夺"的君子。孔子就以周公为效法的对象，时常梦见周公。"甚矣！吾衰也。久矣吾不复梦见周公。"（《述而 7·5》）可见孔子对周公心仪的程度。

7.《子路 12·4》

司马牛问君子。子曰:"君子不忧不惧。"曰:"不忧不惧,斯谓之君子已乎?"子曰:"内省不疚,夫何忧何惧?"

【译文】

司马牛问怎样做一个君子。孔子说:"君子不忧愁,不恐惧。"司马牛说:"不忧愁,不恐惧,这样就可以叫作君子了吗?"孔子说:"问心无愧,有什么忧愁和恐惧的呢?"

【释读】

司马牛是宋国大夫桓魋的弟弟。桓魋在宋国"犯上作乱",遭到宋国当权者的打击,全家被迫出逃。司马牛逃到鲁国,拜孔子为师,并声称桓魋不是他的哥哥,担忧会因此招致灾祸。所以这一章里,孔子对司马牛问怎样做才是君子的问题,借机用"不忧不惧"来回答,说明君子因为能够自我反省,察觉自己毫无愧疚,内心充实无亏,自然无所忧惧。孔子一方面勉励司马牛要好好修为,做一个君子;一方面安慰他不要为兄长的事烦忧。孔子曾说"君子坦荡荡","坦荡荡"就是内心"不忧不惧",无愧无怍,充实而祥和的样子。孟子说:"仰不愧于天,俯不怍于人。"又说:"充实之谓美。"这些都可是不忧不惧的写照。

8.《宪问 14·42》

子路问君子。子曰:"修己以敬。"曰:"如斯而已乎?"曰:"修己以安人。"曰:"如斯而已乎?"曰:"修己以安百姓。修己以安百姓,尧舜其犹病诸?"

【译文】

子路问怎样做才算君子。孔子说:"修养自己,对事情保持严肃恭敬的态度。"子路说:"这样就够了吗?"孔子说:"修养自己,使别人感到安乐。"子路说:"这样就够了吗?"孔子说:"修养自己,使百姓都感觉安乐。修养自己而使百姓安乐,尧舜还怕难于做到呢!"

【释读】

本章是子路请教君子之道，孔子以"修己以敬""修己以安人""修己以安百姓"三个层面，来说明修身的重要和不同层次的君子之道，这三个层次由浅入深，有先有后。

"修己以敬"是以诚敬之心来修养自己；自己的品德好了，要能进一步帮助人，就是"修己以安人"；"修己以安百姓"，就是要在"安人"的基础上，使天下百姓都安居乐业。这恐怕连尧舜都很难做到，是对德才很高的要求。

孔子曾说"吾道一以贯之"，曾子说孔子之道是"忠恕"，"尽己之谓忠"，"推己之谓恕"。"修己以敬"是"忠道"，"修己以安人""修己以安百姓"是"恕道"。这三个层次没有孰轻孰重，却有先后本末，与修身、齐家、治国、平天下的顺序一致。

9.《卫灵公 15·2》

在陈绝粮，从者病，莫能兴。子路愠见曰："君子亦有穷乎？"子曰："君子固穷，小人穷斯滥矣。"

【译文】【释读】参见"孔子论子路"第 8。

10.《卫灵公 15·18》

子曰："君子义以为质，礼以行之，孙以出之，信以成之。君子哉！"

【译文】

孔子说："君子以义作为本质，通过礼推行它，用谦逊的语言来表达它，用忠诚的态度来完成它，这才是君子啊！"

【释读】

孔子言君子立身处世以义为本质，配合礼、逊、信三者去完成。其中"行之""出之""成之"强调了以正义公理为依归的实践和行动，所以，"义"是根本，而合乎"礼、逊、信"的行动是达成君子人格不可缺少的修养途径。

11.《卫灵公 15 · 19》

子曰："君子病无能焉，不病人之不己知也。"

【译文】

孔子说："君子只担心自己没有能力，不担心别人不知道自己。"

【释读】

可参见"论为学之学习态度"第 1。

12.《卫灵公 15 · 20》

子曰："君子疾没世而名不称焉。"

【译文】

孔子说："君子痛心他身后声名不被传扬。"

【释读】

孔子认为修身养德是为了充实完善自己，而不是被人称颂。但是，一个人到了去世的时候，还没有修身养德到为人称颂的地步，就应该为此感到担忧了。孔子这句话，一方面具有普遍的意义，反映了广大士人学子，修身立德，想要称名于后世的进取意识；一方面也折射出孔子自我实现的强烈愿望。孔子一向重视道德修养，他认为"君子病无能焉，不病人之不己知也"。意思是说，君子只担忧没有才能，而不担忧没有人知道自己。有了才能、道德修养，人人敬而仰之，自然被人称颂；反之，人们不会称颂一个无德无识的人。所以，孔子强调君子在追求"德才"的同时，也会在意"身后之名"，两者并不矛盾。此章是孔子提醒人们站在人生的尽头反观自己一生的道德修为，不应有所遗憾，以激励人在世时立德修身进而实现自己的人生价值。

13.《季氏 16 · 7》

孔子曰："君子有三戒：少之时，血气未定，戒之在色；及其壮也，血气方刚，戒之在斗；及其老也，血气既衰，戒之在得。"

【译文】

孔子说："君子有三种事情应警惕戒备：年少的时候，血气还不成熟，要戒除对女色的迷恋；到壮年时，血气正刚强，要戒除好与人争斗；到老年时，血气已经衰弱了，要戒除好贪求得的毛病。"

【释读】

此章是孔子针对人一生中每个阶段容易出现的问题给出的忠告。

少年时，生理上开始发育，虽然产生了男女情欲，但此时心理尚不成熟，如果不加节制、放纵情欲，就会影响身体健康，要"戒之在色"。

等到壮年时，生理发育已经成熟，此时生命力最为旺盛，体力也最为充沛，支配欲最强，由于好胜心强，容易顺其血气，好勇斗狠，所以要用理性来约束自己，要"戒之在斗"。

到了年老之时，体力衰弱了，对未来产生了恐惧，但对以往也产生了依恋。对既得的权势名位不肯轻易放弃，居高位者，不知退让；执权柄者不肯交替，直到衰老昏聩。这是人类的通病，所以要"戒之在得"。

孔子这段话，是人生哲学的总结，可以证明孔子是个敏锐的生活观察家，更是一个脚踏实地的实践者。人的血气也是天性，放纵血气，只能沦为一般动物；人为万物之灵长，应该懂得用理性去调和天性。各阶段"戒"的功夫，就是调和的功夫，也是修身养性的功夫。此章对于今人仍是警戒和提醒。

14.《子张 19·4》

子夏曰："虽小道①，必有可观者焉，致远恐泥②，是以君子不为也。"

【注释】

①小道：指各种农工商医卜之类的技能。②泥(nì)：阻滞，不通，妨碍。

【译文】

子夏说："虽然是小的技艺，但也一定有可取的地方，但用它来达到远大目标就行不通了。所以君子不从事它。"

【释读】

子夏言君子不为小道，是因小道不足以成德。

许多小技艺，往往蕴含着大道理，值得人们探求。但如果沉溺于小道之中，而不注意立身处世的大道理，就会迷失人生的方向，甚至玩物丧志。

所谓大道，指的是经世济民的学问和道德，也就是《大学》所揭示的格物、致知、诚意、正心、修身、齐家、治国、平天下的大道理，更是孔、孟所主张的王道仁政。而不同于这些大道的，都属于小道，比方对各种学科门类的研究等，虽然它们都有可观及可研究的道理，可是却不能作为治国的依据，如果只是一味沉迷于这些小道，自然于治国无补，所以说致远恐泥，君子不为。此章可与"君子不器"（"论君子"第2）互见。

15.《子张 19 · 9》

子夏曰："君子有三变：望之俨然，即之也温，听其言也厉。"

【译文】

子夏说："君子会有三种变化：远望他，见他俨然有威；接近他，又觉温和可亲；听他说话，斩钉截铁般厉害。"

【释读】

此章是子夏论君子之容态。

一个道德修养极高的人，往往能够众美兼具，众善并蓄，在不同的时空，会很自然地表现出最适宜的容态。因此，他表现在举言行止上就会给人不同的感觉。

君子因为德术兼修，外表上自然产生威严，让人看了会有敬畏之感；可是当人接近他时，又会感到温和亲切；再和他交谈，又会觉得他言辞严正。这种不同的变化，正可以说明君子修德习业兼容并蓄了各种美善。容貌威严，不会是轻浮的小人；温和可亲，不会是残暴的恶汉；言辞严正，不会是逢迎的乡愿。这些都是构成君子的要素，也是品学修习到最高点的自然呈现，不是常人所能轻易达到的境界。

儒家哲学鼓励人成为圣贤，而要成为圣贤，就要从做一个君子开始。《论语》中描述孔子的言行容态，都是典型的君子形象，子夏是孔子的高徒，这番对君子容态的描述，应该就是以孔子为模型或标准。

本章可参见"弟子记述"第7："子温而厉，威而不猛，恭而安。"（《述

而 7·38》）

16.《子张 19·21》

子贡曰："君子之过也，如日月之食焉。过也，人皆见之；更也，人皆仰之。"

【译文】

子贡说："君子犯了过错就好像日食月食一般。他犯错误，人们都看得见；（他）改正过错，人们都抬头仰望。"

【释读】

君子也会犯错，但君子光明正大，处世磊落，犯错乃无心之错，处在光天化日之下，人们都可以看得到。不像小人背地里干坏事，人们难以发现。君子知错能改，瑕不掩瑜，就像日食和月食一样，虽然暂时被遮住了光辉，但黑暗终究会过去，君子的光辉人格终究会显现出来，人们还会像以前一样甚至超过以前那样仰望他。

此章可参见《子张 19·8》：子夏说："小人之过也必文。"（子夏说："小人犯了过错一定要掩饰。"）

五、论君子与小人

1.《为政 2·14》

子曰:"君子周而不比,小人比而不周。"

【译文】

孔子说:"君子合群而不与人勾结,小人与人勾结而不合群。

【释读】

朱熹《四书章句集注》:"周,普遍也。比,偏党也。"

钱穆《论语新解》:"论语每以君子、小人对举。或指位言,或指德言。如谓上位,居心宜公,细民在下,则惟顾己私,此亦通。然本章言君子以忠信待人,其道公。小人以阿党相亲,其情私。则本章之君子、小人,乃以德别,不以位分。"

钱译此章:先生说:"君子待人忠信,但不阿私。小人以阿私相结,但不忠信。"

孔子在这一章中提出君子与小人的区别之一,就是小人结党营私,不能与大多数人融洽相处;而君子则不同,他胸怀广阔,与众人和谐相处,不与人因私勾结。在处理事务上,尤其涉及利益分配时,小人和君子更容易出现公正无私与偏私不公的差异。小人勾结党比,成为一个利益共同体,一时之间看似有和同众人的迹象,其实彼此之间的结合点在利,一旦产生利益冲突,便又会因私利的争夺而互相伤害,不能以整体利益作考量;君子不以私利当前,所以总能顾全大局,一视同仁。

2.《里仁 4·11》

子曰:"君子怀德,小人怀土;君子怀刑,小人怀惠。"

【译文】

孔子说:"君子常思念的是德性,小人常思念的是乡土;君子怀想的是刑法(规范),小人想的是利益(是否足够)。"

【释读】

本章点明君子小人之志念不同,君子怀德,小人怀利。

一个人的志念趣向,是其人格品德的体现,反过来也会影响其人格品德。君子所想念的是修养德行、治理国家,而小人所记挂的只是自己的那点小恩小惠,君子与小人的人格,也就在这心心念念之间自然形成和体现。所以,要做君子就要胸怀宽广,道德高尚,而不只是一心谋求个人私利。

3.《里仁 4·16》

子曰:"君子喻于义,小人喻于利。"

【译文】

孔子说:"君子所了解懂得的是义,小人了解懂得的是利。"

【释读】

本章孔子说君子与小人人生价值观之不同,一重义,一重利。这是孔子学说中对后世影响较大的一句话。

孔子认为,利要服从义,要重义轻利,他的"义"指服从等级秩序的道德,一味追求个人利益,就会犯上作乱,破坏等级秩序。所以,把一心追求个人利益的人视为小人。

此章,"君子"与"小人"仍是以道德的高低来区分的。此章可参见《孟子·梁惠王上》的"义利之辨"(人教版高中选修《中国文化经典研读》)。

4.《述而 7·37》

子曰:"君子坦荡荡,小人长戚戚。"

【译文】

孔子说:"君子心胸宽广,小人总是忧愁。"

【释读】

此章是孔子描绘君子与小人素常的不同心境。

胸次心境不是可以勉强装出来的，那是人格定型后的自然呈现。君子所以坦荡荡，小人所以长戚戚，乃是从他们心志的发端便已注定。他们的志趣，指引了人生的方向；他们的信念，影响了处事待人的原则；他们的行事，塑造了整个人格，终至于喻义怀德、成人之美者为君子，喻利怀惠、成人之恶者为小人。

小人的心境如此，而君子的胸次如彼。

小人的忧戚不安，来自追逐利益时的苦求不得，也来自既得利益之后的担心失去，患得患失，永不止息；不仅如此，小人往往还会有因为非作恶、伤天害理而生的恐惧：一怕仇敌报复，二怕上天难容，三怕良心谴责。君子虽然也有忧惧，但显然与小人患得患失、畏首畏尾不同，他们忧惧德业不修，忧惧天理不明，这种忧惧，只有促使他们更加努力修为，积极教化，让心境更加清明，终至俯仰无愧于天地；他们的人生境界，也将因心境平和而无限宽广、无限祥和，无入而不自得。

5.《颜渊 12·16》

子曰："君子成人之美，不成人之恶。小人反是。"

【译文】

孔子说："君子成全别人的好事，而不助长别人做坏事。小人则相反。"

【释读】

这一章所言君子与小人与人交往时用心之不同。

"成人之美，不成人之恶"贯穿了儒家一贯的思想主张，即"己欲立而立人，己欲达而达人""己所不欲，勿施于人"的"推己"之"恕道"。

仁人追求美善的真诚，绝不局限在自我一身，他们不以成就自己的完美为满足。除了要求自己行止美善外，他们还希望周遭之人甚至全社会都能实践道德，臻于美善。如果周遭之人多行不义，社会大众是非不明时，君子必会视为自己德业有所亏欠。所以君子看到人有善举美行，必会尽力帮助；看到人将蹈恶走险，必会设法劝阻，怀着高度的教化热情，引导他人向善修德，以塑造一个美好的社会。

6.《子路 13·23》

子曰："君子和①而不同②，小人同而不和。"

【注释】

①和：不同的东西和谐地配合叫作和，各方面之间彼此不同。②同：相同的东西相加或与人相混同，叫作同。

【译文】

孔子说："君子讲求和谐却不相同，小人只求完全相同，而不求和谐。"

【释读】

钱穆《论语新解》："和者，无乖戾之心。同者，有阿比之意。君子尚义，故有不同。小人尚利，故不能和。或说：'和'如五味调和成食，五声调和成乐，声味不同，而能相调和；'同'如以水济水，以火济火，所嗜好同，则必互争。"

《国语·郑语》："史伯曰：和实生物，同则不继。"意为：（阴阳不同，但）彼此和谐才能生出世间万物；如果万物趋同，世界就不再向前发展了。

此章所言君子与小人待人处事态度之不同。

人，生而不同，每个人都有自己的立场、习惯、意见。在与人交际时，有德君子，他能尊重自己，也尊重别人，能够敢于清楚表达自己的意见，也能调和大家的意见，使大家和睦相处；但对于见解拙劣、不合义理的意见也绝不苟同，要秉持道义，绝不做乡愿。品格低劣的小人则不然，他们没有原则，只会附和、奉承、讨好别人，又或是极力维护自己，凸显自己，与人不能和睦相处，最后不免在团体中制造党同伐异的纷争。

"和而不同"是孔子思想体系中的重要组成部分，显示出孔子思想的高度和智慧。

7.《子路 13·25》

子曰："君子易事①而难说②也。说之不以道，不说也；及其使人也，器之③。小人难事而易说也。说之虽不以道，说也；及其使人也，求备焉。"

【注释】

①易事：易于与人相处共事。②难说：难于取得他的欢喜。③器之：量才使用他。

【译文】

孔子说："在君子手下做事很容易，但很难讨他喜欢。（因为）不按正当的方式去讨他的喜欢，他是不会喜欢的。但当他用人的时候，总是量才用人；在小人手下做事很困难，但要讨他的欢喜却很容易。不用正当方式讨他的喜欢，他也会喜欢。但等到他用人的时候，却会求全责备。"

【释读】

孔子论服事君子与小人的情形不同。

这里的君子和小人都是指在位的人，但品德有高低之别。

品格操守好的君子，行事规矩，直道而行。替这样的人做事，只要凭才干、能力，秉公而行，把事情做好就可以了，所以容易服事；作为君子，他不轻易表明自己的喜好，所以想曲意奉承讨他喜欢却不容易，因为这不合他的行事原则；在选用人才的时候，君子往往能够量才而用，不会对人求全责备。小人就不同了，他心术不正，喜欢别人的奉承阿谀，给小人做事，如果不知道巴结，只晓得规规矩矩，反而得不到他的欢心，他会时时挑剔，求全责备，很难服事。

在现实社会中，君子并不多见，而此类小人则多见不鲜。

8.《子路 13 · 26》

子曰："君子泰而不骄，小人骄而不泰。"

【译文】

孔子说："君子舒泰而不骄矜，小人骄矜而不舒泰。"

【释读】

孔子分别君子与小人在自己条件优于别人时的不同气度。

当一个人的资源条件优于他人时，很容易骄矜自满。没有修养的人会放纵自己的情绪，沉溺在睥睨他人的快感中，终至骄傲放纵，目空一切；有修养的人则会克制自己，保持舒坦平易的心态，不盛气凌人，不骄矜自持。小人还会常常患得患失，生怕别人胜过他，而君子乐于与人分享，有"立人""达人"之胸怀，所以舒泰安详，快乐常在。

9.《卫灵公 15·21》
　子曰："君子求诸己，小人求诸人。"

【译文】
　孔子说："君子要求自己，小人要求别人。"

【释读】
　孔子论君子与小人的修养境界之不同。
　自我反省是孔子十分重视的个人修养功夫，也是做人做事的基本态度。遇事不顺，而能自我反省，就会慢慢减少自身的缺点、毛病，而逐渐趋于成功，这是君子所为；而小人在逆境时，习惯归罪于他人，而怨天尤人，不反省自己的结果是掩饰了自己的缺点，于事无补，终究免不了失败。
　求，亦可作"依靠"解，可译作"君子依靠自己努力，小人依靠他人扶助"。
　钱穆《论语新解》："君子非无所求，惟必反而求诸己。虽病人之不己知，亦恨没世而名不称。虽恨没世无名，而所以求之者则仍在己。小人则务求诸人。故违道干誉无所不至，而卒得没世之恶名。"
　以上钱解可助深入理解。

10.《卫灵公 15·34》
　子曰："君子不可小知而可大受也，小人不可大受而可小知也。"

【译文】
　孔子说："君子不能从小处去欣赏他，但可让他承担大的使命。小人不能让他们承担重大的使命，但可以从小处去赏识他。"

【释读】
　朱熹《四书章句集注》："盖君子于细事未必可观，而材德足以任重；小人虽器量浅狭，而未必无一长可取。”

此章说明君子、小人任事的才识有别，上位者应该善于识人，从而量才而用。

人各有才，优劣同在。"小人"也会于小处"细事"展现出聪明才智；而"君子"在小事上未必胜过"小人"。"小人"虽有某方面的才能，但却不可以承担大任。因为"小事"的落实，往往仅凭技术或勤奋；而事关全局需要统筹规划的"大事"，则需谋事者高尚的德行、宽阔的胸襟、高超的见识、缜密的布局和统筹协调的能力，所以君子虽未必在具体领域或技术层面胜过别人，但却有谋求或担当大事的境界和能力。只有明白这些区别，上位者才不会误用人才。

此章可参见"论君子"第 2、14 等。

六、论士

1.《里仁 4 · 9》

　子曰："士志于道，而耻恶衣恶食者，未足与议也。"

【译文】

　孔子说："知识分子有志于追求道，但又以粗衣淡饭为羞耻，对这种人，是不值得与他谈论（道的）。"

【释读】

　本章是孔子在勉人注重人生理想的追求，而不要过分在意物质生活的优劣。

　知识分子以求道为志，理应念兹在兹，用心于讲求学问、修养道德，以求日新又新。如果不用心于此，而每天追求口体之养，以恶衣恶食为耻，哪里还有心问学求道呢？孔子"饭疏食，饮水，曲肱而枕之，乐亦在其中矣"；颜回"在陋巷，一箪食，一瓢饮，人不堪其忧，回也不改其乐"；子路穿着破袍子，和穿着貉袍的人站在一起，一点也不觉得丢脸，孔子、颜回和子路都是志于道的人，能够不以恶劣的生活条件为耻，而把精力和兴趣放在对道的追求上，所以才能在道德学问上有很高的成就。

　此章也可说明"孔颜乐处"乐之所在，它是君子追求真理、乐道而安贫的理想人格的体现。

2.《泰伯 8 · 7》

　曾子曰："士不可以不弘毅，任重而道远。仁以为己任，不亦重乎？死而后已，不亦远乎？"

【译文】

　曾子说："士不可以不弘大而刚毅，因为责任重大，路途遥远。将实现仁作为自己的责任，难道还不重大吗？奋斗终身，死而后已，难道路途还不遥远吗？"

【释读】

曾子勉励士人要以"仁"为己任，终身努力以赴。

知识分子最可贵的地方，就在于他们有理想。而最远大的理想就在于行仁，因此，知识分子应是"仁以为己任"的。理想重大，而又要终身行之，死而后已，又怎能不需要宽宏坚忍呢？诸葛亮在隆中高卧，日子过得安逸惬意，但刘备三顾茅庐，请他出山后，他便鞠躬尽瘁，辅佐刘备；刘备死后，又辅佐刘禅，这就是践行仁义任重而道远的最好说明。

3.《子路13·20》

子贡问曰："何如斯可谓之士矣？"子曰："行己有耻，使于四方，不辱君命，可谓士矣。"曰："敢问其次。"曰："宗族称孝焉，乡党称弟焉。"

曰"敢问其次。"曰："言必信，行必果，硁硁然小人哉！抑亦可以为次矣。"曰："今之从政者何如？"子曰："噫！斗筲之人，何足算也？"

【译文】

子贡问道："怎样才可以叫作士？"孔子说："对自己的行为有知耻之心，出使外国，能够不辱没国君的使命，可以算作士了。"子贡说："请问次一等的。"孔子说："宗族中的人都称赞他孝顺父母，乡里的人称他尊敬兄长。"子贡又问："请问再次一等的。"孔子说："说话谨守信用，做事一定果决，固执己见，坚实得像块石头，那是小人呀！但也可以说是再次一等的士了。"子贡说："现在的执政者，（你看）如何呢？"孔子说："唉！这些器量狭小的人，哪里能算得上呢？"

【释读】

朱熹《四书章句集注》："斗，量名，容十升。筲，竹器，容斗二升。斗筲之人，言鄙细也。"

此章是孔子开示子贡，成为一个士人的条件：行己有耻、不辱君命、孝悌信果。

士是周代社会贵族的最底层，在受过完整的知识、道德教育后，就要开始为社会服务。因此，子贡问如何才可以算是一位士时，孔子的回答，第一是"行己有耻"，也即在道德上有所不为；第二是要"使于四方，不辱君命"，即在能力上有所为。要兼具品德和能力。由这个标准退而求其次就是"宗族称孝，乡党称弟（悌）"，就是宁可才不足而德有余，不可才有余而德不足。再退而求其次，能做到"言必信，行必果"，虽然气量不是很恢宏，但立身处世，也可以无所亏欠了。至于当时的从政者，孔子认为他们是器量狭小的人，根本算不得士。

在孔子所述的四个层次中，第一个层次包含第二个层次，第二个层次包含第三个层次。"诚信"应是作为士的底线。

反观今天的社会，知识分子阶层的"诚信"也已很难保证了。

4.《子路 13•28》

子路问曰："何如斯可谓之士矣?"子曰："切切偲偲，怡怡如也，可谓士矣。朋友切切偲偲，兄弟怡怡。"

【译文】

子路问孔子道："怎样才可以称为士呢?"孔子说："互助督促勉励，相处和和气气，可以算是士了。朋友之间互相督促勉励，兄弟之间相处和和气气。"

【释读】

钱穆《论语新解》："切切偲偲，相切责之貌。怡怡，和顺貌。或说：孔子语至'可谓士矣'止，下乃门人记者所加。朋友以义，兄弟尚恩，若混施之，则兄弟有贼（伤害）恩之祸，朋友有善柔之损矣。然亦不当拘说。朋友非全不须怡怡，兄弟亦非全不须切切偲偲。或说：温良和厚之气，此士之正。至于发强刚毅，亦随事而见。子路行行（行行，刚强负气貌），斯切切怡怡之意少矣，故孔子以此箴之。"

此说恰当，合于情理。

5.《宪问 14·2》

子曰："士而怀居，不足以为士矣。"

【译文】

孔子说："士如果留恋家庭的安逸生活，就配不上是士了。"

【释读】

钱穆《论语新解》："士当厉志修行以为世用，专怀居室居乡之安，斯不足以为士矣。"

孔子认为士人应该有高远的志向，不能只留恋安居。士应该志在四方，以天下国家为己任，不能做一个只知照顾自家的心胸狭隘之人。汉朝末年，刘备当面批评许汜只知"求田问舍"，不知拯救国家人民，所以被人看轻，原因就在许汜"士而怀居"。

强调知识分子"以天下为己任"的家国情怀，是儒家学说至为可贵的道德宣扬。以此，成就了自古以来传统知识分子的高尚人格。

6.《子张 19·1》

子张曰："士见危致命，见得思义，祭思敬，丧思哀，其可已矣。"

【译文】

子张说："士遇见危难能献出自己的生命，看见利益能考虑义的要求（不妄取）。祭祀时能想到严肃恭敬，居丧时能想到致以哀伤，这样就可以了。"

【释读】

子张论士人应该见危致命，重义轻利，恭敬虔诚。

"见危致命，见得思义"合于"义"，"祭思敬，丧思哀"合于"礼"。"合于义"的献身，与"合于礼"的恭敬，都应是士人君子之所为，这也是孔子思想的精华。

七、论自省

1.《学而1·4》

曾子曰："吾日三省吾身。为人谋而不忠乎？与朋友交而不信乎？传不习乎？"

【译文】

曾子说："我每天多次(三次)反省自己，为别人办事谋划考虑是不是尽心竭力了？同朋友交往，有没有做到诚实可信了？老师传授给我的学业是不是复习了？"

【释读】

本章是曾子自述每日省身慎行之事。

儒家重视个人的道德修养，以求塑造理想人格。自省，是自我修养的基本方法。

社会变动剧烈的时代，往往也是思想意识动摇碰撞的时代。由于当时社会的巨大变化，人们的传统观念受到冲击进而产生危机。曾参提出"反省内求"的修养办法，意在不断检查自己的言行，使自己修养成完美的理想人格。《论语》书中多次谈到自省的问题，孔子要求弟子自觉反省，进而改过。这种自省方式，强调的是修养的自觉性。今天仍可借鉴。

在本章中，曾子还提出了"忠"和"信"的范畴。

"忠"的特点在于"尽己"，办事尽力，死而后已，所谓"尽己之谓忠"；"为人谋而不忠乎"，是泛指对一切人，并非专指君主。因此，"忠"在先秦是一般的道德范畴，不止用于君臣关系，可以归为儒家所说心之"诚"。"忠"自汉代后才逐渐狭义化为"忠君"，这既与儒家的忠有关联，又有明显的区别。

"信"的含义有二，一是信任，二是信用。其内容是诚实不欺，用来处理上下等级和朋友之间的关系，"信"尤与言论有关，表示要说真话，说话要算数。这是一个人立身处世的基石。

曾子每日三省其身，不仅表现出他的人文素养，也可看出他克己复礼的精神，一步也不放松，紧紧守住义理之要，这也是我们所能自主并要不断实践的，可以此自勉。

2.《里仁 4·14》

子曰："不患无位，患所以立；不患莫己知，求为可知也。"

【译文】

孔子说："不怕没有官位，就怕自己没有学到赖以站住脚的东西。不怕没有人知道自己，只求自己成为有真才实学值得为人们知道的人。"

【释读】

孔子勉人充实自己，不必忧愁无人知己，谋不到职位。

这是孔子对自己和自己的学生经常谈论的问题，是他立身处世的基本态度。孔子并非不想成名成家，并非不想身居要职，而是希望他的学生必须首先立足于自身的学问、道德、才能的培养，具备足以胜任官职的素质。此章可参见"论为学"之"学习态度"第1。

3.《里仁 4·17》

子曰："见贤思齐焉，见不贤而内自省也。"

【译文】

孔子说："见到（比自己）好的人，便想如何向他看齐；见到不好的人，便应该自我反省（自己有没有与他相类似的错误）。"

【释读】

此章谈在与人相处中怎样进德修业。

与人相处，无论其人贤与不贤，于己皆有益；若见贤人而内心忌惮，见不贤人又内心轻蔑，只能使自己的德行受到损害。

此章所指也不限于与同时代的人及身边人的相处之道。读书时，见到古今中外之贤人，亦应想与之齐；见其不贤，也应自省，如此则触发、应用更广。

4.《公冶长 5·27》

子曰："已矣乎！吾未见能见其过而内自讼者也。"

【译文】

孔子说："完了啊！我还没有看见一个能够看到自己的过失，而又能从心里责备他自己的人呀。"

【释读】

孔子感叹世人有过失而不能自责。

孔子"已矣乎"的感叹，及"吾未见"的强调意味，足可见孔子对于"能见其过而内自讼"的重视。人能自见其过，很不容易，见其过而内自讼更不易。如能见其过而内自讼，则可以省察自己，改过自新，日有进境。但人性之常，有了过错，为了颜面，不是加以强辩，便是设法找借口，原谅自己，归罪他人，以减轻自己的愧疚感。殊不知，如此一来，过错愈犯愈多，变成习性时，想改已很难了。

5.《述而 7·3》

子曰："德之不修，学之不讲，闻义不能徙，不善不能改，是吾忧也。"

【译文】【释读】参见"孔子之学"第 5。

6.《泰伯 8·11》

子曰："如有周公之才之美，使骄且吝，其余不足观也已。"

【译文】

孔子说："如果一个人有周公那样美好的才能，只要他骄傲自大而又吝啬小气，那余下的方面也就不值得一看了。"

【释读】

钱穆《论语新解》："周公之才之美，意即周公旦多才，其才又甚美。骄者，恃才凌人；吝者，私其才不以及人。非其才不美，乃德之不美。'其余'指骄吝之所余，指其才言；用才德者，苟非其德，才失所用，则虽美不足观。必如周公，其才足以平祸乱，兴礼乐，由其不骄不吝，乃见其才之美。"

此章中孔子又言及作为一个统治者应该以德为先的道理。为国治民，应先从修身开始，时时反省，戒骄戒躁，戒贪鄙吝啬，方可才德兼美，有益于天下大众。

7.《卫灵公 15·19》

子曰："君子病无能焉，不病人之不己知也。"

【译文】

孔子说："君子只担心自己没有才能，不担心别人不知道自己。"

【释读】

此章可参见"论为学"部分"学习态度"第 1。

8.《卫灵公 15·30》

子曰："过而不改，是谓过矣。"

【译文】

孔子说："有了过错而不改正，这就真是错误了。"

【释读】

钱穆《论语新解》："人道日新，过而能改，即是无过。惟有过不改，其过遂成。若又加之以文饰，则过上添过矣。"

反省改过，是儒家修身的一个重要方面。"知错能改，善莫大焉。"（《左传·宣公二年》）反之，有了错误却不改正，就是错上加错。其中，既显现了儒家的宽容精神，又强调了"反省改过"作为自我修养途径的重要性。

八、论怨

1.《里仁 4·12》

　子曰："放^①于利而行，多怨^②。"

【注释】

①放：音同"仿"，效法，引申为追求。②怨：别人的怨恨。

【译文】

孔子说："只为追求利益而行动，就会招致更多的怨恨。"

【释读】

朱熹《四书章句集注》："程子曰：欲利于己，必害于人，故多怨。"

钱穆《论语新解》："若专在利害上计算，我心对外将不免多所怨。孔子曰：'求仁而得仁，又何怨。'若行事能依仁道，则不论利害得失，此心皆可无怨，其义对待相发。"

"义与利"是儒家经常提及的话题。以上两种解释可互相参照。不论哪一种说法，都说明，对于利益的极端追求，都会有损道德修养。

2.《宪问 14·10》

　子曰："贫而无怨难，富而无骄易。"

【译文】

孔子说："贫穷而无怨恨，很难；富裕而不骄傲，容易做到。"

【释读】

孔子比较处贫富之难易，勉人当善其所处。

孔子能有此说，是因为贫穷时更能考验人的道德操守是否坚定。贫穷者常困于饥寒，如果没有坚定的意志和操守，就难免有怨；而富贵者衣食丰足，要做到富贵而不骄傲，就比较容易。一般人性是处贫难、处富易，所以贫而怨、富而骄是世人常态。玩味孔子所言，无论是"贫而无怨"，或者是"富而无骄"，其实都需要修养的功夫，只不过功夫有难易之别罢了。唯有修养功夫深厚的人，才能有自然宽阔的胸襟，即使面对贫困，依旧坚守正道。就像颜渊，虽贫而"不改其乐"，孔子赞美其贤，便是因为颜渊做到了难能之事，安贫乐道而无所怨尤。

3.《宪问 14·34》

或曰："以德报怨，何如?"子曰："何以报德? 以直报怨，以德报德。"

【译文】

有人说："用恩德来报答仇怨，怎么样?"孔子说："那用什么来回报恩德呢? 应该是用正直来回报怨恨，用恩德来报答恩德。"

【释读】

孔子论酬德抱怨之法。

孔子并不主张"以德报怨"，因为这样就无以报德了。

孔子主张以直报怨，它不同于"以怨报怨"。是因为以怨报怨完全出于利害的考量，人给我十分怨，我要还他十分怨，这种论斤称两的方式距离道德仁义太远了;"以直报怨"则是站在道德影响力的角度来考量，犯错的一方只有受到相当的惩处，才能深切地反省，之后就不易再犯错了，人性可因而趋于和谐善良。这才是"以直报怨"的真正意义。

"以德报德"，社会日趋祥和;以直报怨，人人以此自警，不敢犯错，这两种都是恰当的;而"以德报怨"容易流于姑息;以怨报怨容易流于浇薄(社会风气浮薄，不淳朴敦厚)，都不是好的方式;倘若以怨报德，那就沦于道德的下流了。

4.《卫灵公 15·15》

子曰："躬自厚而薄责于人，则远怨矣。"

【译文】

孔子说："对自己要求严格，而很少责备别人，那就可以避免怨恨了。"

【释读】

此处"怨恨"既可指"自己内心的怨恨"，也可指"别人对自己的怨恨"，与本篇第1("放于利而行，多怨")中的"怨"类似。

此章是孔子教人严于律己、宽以待人的处世之道。体现了儒家讲修身，即是从自身做起。为人处世应该多替别人考虑，从别人的角度看待问题。而一旦发生了矛盾，应该多作自我批评，而不能一味指责别人。

责己严，待人宽，这是保持良好和谐的人际关系所不可缺少的原则。

九、论好恶

1.《里仁 4·3》

子曰："唯仁者能好人，能恶人。"

【译文】

孔子说："只有仁者，能够（真心地）喜欢人，也能真心地厌恶人。"

【释读】

参见"论仁"第 3。

2.《卫灵公 15·28》

子曰："众恶之，必察焉；众好之，必察焉。"

【译文】

孔子说："人人都厌恶他，必须仔细审察；人人都喜欢他，也必定仔细审察。"

【释读】

孔子认为君子判断是非善恶要有公正客观的标准，不随人俯仰。

君子判断是非善恶，要有客观而公正的标准，要进行具体的观察和自我判断，不能只以众人的好恶为标准。"民之所好好之，民之所恶恶之"是作为统治者或作为一个有独立思考的人应该忌讳的。客观公正地识人，也是儒家思想不人云亦云、不随波逐流的理性精神的体现。

3.《季氏 16·5》

孔子曰："益者三乐，损者三乐。乐节礼乐，乐道人之善，乐多贤友，益矣。乐骄乐，乐佚游，乐晏乐，损矣。"

【译文】

孔子说："对人有益的快乐有三种，有害的快乐有三种。以礼乐调节自己为乐，以称道别人的好处为乐，以有许多贤德之友为乐，这是有益的。喜欢骄纵放肆，喜欢游荡闲逛，喜欢饮食宴请，这就有害了。"

【释读】

人都有爱好，而孔子认为有些爱好对人修养身心有益，有些爱好对人有害，应加以注意。

礼贵中节，乐贵和谐，喜欢以礼乐调节自我，假以时日，自我也便合于礼乐，能发而皆中节；乐道人之善，则人乐于向善；乐多贤友，则有贤友相互砥砺德行，每日都有进益。相反，骄傲是人修养进步的大敌；佚游、宴乐都是感官之乐，浸淫久了，就会蔽锢心灵，忘记人之所以为人应该具有的道德善性了。

4.《阳货17·24》

子贡曰："君子亦有恶乎？"子曰："有恶。恶称人之恶者，恶居下流而讪上者，恶勇而无礼者，恶果敢而窒者。"曰："赐也亦有恶乎？""恶徼以为知者，恶不孙以为勇者，恶讦以为直者。"

【译文】

子贡说："君子也有厌恶的事情吗？"孔子说："有。厌恶讲别人坏话的人，厌恶身居下位而诽谤在他上的人，厌恶勇敢却不懂礼节的人，厌恶果敢而又固执的人。"孔子又说："赐呀，你也有厌恶的事吗？"子贡说："厌恶抄袭别人说话而自以为聪明的人，厌恶把不谦逊当勇敢的人，厌恶揭发别人的隐私而自以为直率的人。"

【释读】

此章是孔子和子贡讨论"君子"所讨厌的几种人。

君子追求仁义，是非善恶分明，所以君子自然也有讨厌的人。

孔子所讨厌的是"称人之恶""居下讪上""勇而无礼"的人。君子进德修业，无暇顾及其他，更何况是称人之恶呢？居下而讪上，于礼不合；勇而无礼，会因蛮勇而伤礼义；果敢而窒，是指果敢而固执甚至不通事理，其残害生灵、违背礼仪，可以到无法想象的地步。

子贡所厌恶的第一种人是"徼以为知"，其抄袭剽窃是不诚实的行为，却被他认为是自己聪明；第二种人是"不逊以为勇"，"不逊"是傲慢无礼，却被他认为是自己勇敢；第三种人是"讦以为直"，其攻讦是为了个人私利，却被他当作为了公义的"率直"。

孔子所厌恶的人是把恶德、失德显现在外的人，子贡厌恶的是把恶德当做善德的人。

十、论刚毅

1.《公冶长 5·11》

子曰："吾未见刚者。"或对曰："申枨。"子曰："枨也欲，焉得刚？"

【译文】

孔子说："我没有看见刚强的人。"有人说："申枨（就是刚强的）。"孔子说："他这个人欲望太多，怎么能刚强呢？"

【释读】

朱熹《四书章句集注》：程子曰："人有欲则无刚，刚则不屈于欲。"

此章可见孔子极重刚德，而刚强者难得，故而叹息。

孔子一向认为，人如果欲望太多，行为受欲望驱使，难免失之于礼。《庄子》说："其嗜欲深者，其天机浅。"俗语又云："有容乃大，无欲则刚。"人的性格有刚有柔，"刚德之人，能伸乎事物之上，而无所屈挠。富贵贫贱，威武患难，乃及利害毁誉之变，皆不足以摄其气，动其心。凡儒家所重之道义，皆赖有刚德以达成之"（钱穆《论语新解》）。

2.《子罕 9·26》

子曰："三军①可夺帅也，匹夫不可夺志也。"

【注释】

①三军：古时 12500 人为一军，三军包括大国所有的军队。此处言其多。

【译文】

孔子说："三军之帅，可以夺去它的权力；匹夫的志向是谁也改变不了的。"

【释读】

此章是孔子谈立志之重要。

何晏《论语集解》："三军虽众，人心不一，则其将帅可夺而取之。"

三军夺帅并不是太难的事，但是匹夫立志之后，却是任谁也难以夺走的。因为志是由内发出的，可以操之在我。这是中国人刚毅人格的体现。

3.《子罕9·28》

子曰："岁寒，然后知松柏之后凋也。"

【译文】

孔子说："要到寒冷季节，才知道松柏是最后（不）凋谢的呀。"

【释读】

此与上章"匹夫不可夺志"同样的意思。

只有在冰雪严寒的恶劣环境中，才能真正显示韧性精神的意志崇高。《吕氏春秋》记载，"孔子穷于陈蔡之间，七日不火食"，"颜色甚惫而弦歌于室"，门人有怨言，而孔子说："天寒既至，霜露既降，吾是以知松柏之茂也。"

有人说："后凋"之"后"应训解为"不"。

孔子以自然景物喻人事品德，是孔子由自然物性而及人之品性的道德观的体现，同时也是充满情感的诗意表述，《论语》中有许多类似的章节，既表现孔子优美文辞后的美好人格，也体现中国文字文化之美。

4.《子路13·27》

子曰："刚、毅、木、讷近仁。"

【译文】【释读】参见"论仁"第11。

十一、论富贵

1.《里仁 4·5》

子曰："富与贵，是人之所欲也，不以其道得之，不处也；贫与贱，是人之所恶也，不以其道得之，不去也。君子去仁，恶乎成名？君子无终食之间违仁，造次必于是，颠沛必于是。"

【译文】

孔子说："富裕和显贵是人人想要得到的，但不用正当的方法得到它，（我）不会接受；贫穷与低贱是人人都厌恶的，不用正当的方法去摆脱，（我）就不会摆脱。君子如果离开了仁德，又怎么能称作君子呢？君子没有一刻时间离开仁德的，匆忙紧迫的时刻是这样，颠沛流离的时候，也一定会是这样。"

【释读】

钱穆《论语新解》："孔子最重言仁。然仁者人心，得自天赋，自然有之。故人非求仁之难，择仁安仁而不去之为难。慕富贵，厌贫贱。处常境而疏忽，遭变故而摇移。人之不仁，非由于难得之，乃在于轻去之。惟君子能处一切境而不去仁，在一切时而无不安于仁，故谓之君子。"

此章亦可断为，"不以其道，得之不处也"，"不以其道，得之不去也"。

2.《雍也 6·11》

子曰："贤哉回也，一箪食，一瓢饮，在陋巷，人不堪其忧，回也不改其乐。贤哉回也。"

【译文】【释读】参见"孔子论颜回"第 3。

3.《述而7·12》

子曰:"富而可求也;虽执鞭之士①,吾亦为之。如不可求,从吾所好。"

【注释】

①执鞭之士:一种是古代为天子、诸侯和官员出入时手执皮鞭开路的人,一种是市场的看门人。意思指地位低下的职事。

【译文】

孔子说:"如果财富(合于道)可以去追求的话,即使是做下等差事,我也愿意做。如果并非如此,那就还是跟随我的爱好去干事。"

【释读】

钱穆《论语新解》:"此章重言命,兼亦有道。知道必兼知命,知命即以善道。"

"死生有命,富贵在天",说的是生死以及升官发财都有极大的偶然性。孔子不拒富贵,但仍以"道"为最高的价值判断标准,知命而以善道,是他的人生观中闪耀着不灭的道德光辉的部分。

4.《述而7·16》

子曰:"饭疏食饮水,曲肱而枕之,乐亦在其中矣。不义而富且贵,于我如浮云。"

【译文】

孔子说:"吃粗粮,喝白水,弯着胳膊做枕头,快乐也就在其中了。用不正当的手段得来的财富和官位,对我,就像浮在天上的云彩一样。"

【释读】

《吕氏春秋·慎人篇》:"古之得者,穷亦乐,达亦乐。所乐非穷达也,道得于此,则穷达一也。"

"天际浮云,与我无关"(李泽厚),但对道的追求,其乐趣高于任何物质生活和境遇本身,超拔贫富贵贱之上。此章活画了孔子满足于道德境界的怡然自足的得道者形象,而"浮云"句,更是充满诗情画意,意旨高远,潇洒出尘，令人流连不已，千古传诵。

5.《述而 7·36》

子曰："奢则不孙，俭则固。与其不孙也，宁固。"

【译文】

孔子说："奢侈（的人）不逊让，节俭（的人）就会固陋。与其不逊让，宁可固陋。"

【释读】

程树德《论语集释》皇侃疏："二事乃俱为失。若不逊陵物，物必害之，倾覆之期，俄顷可待。若止复固陋，诚为不逮。而物所不侵。"

钱穆《论语新解》："二者均有失，但固陋病在己，不逊则陵人。孔子重仁道，故谓不逊之失更大。"

奢侈对于道德的损害远大于节俭。

6.《卫灵公 15·32》

子曰："君子谋道不谋食。耕也，馁在其中矣；学也，禄在其中矣。君子忧道不忧贫。"

【译文】

孔子说："君子只考虑求道行道，不考虑衣食问题。耕田，也有饿肚子的时候；学道，可以得到禄食。所以君子只担心道不明不行，不担心贫穷而不得食。"

【总释】

总看以上六章，孔子对待"富贵"的态度盖有以下几层内涵：

其一，"道义至高"。"道义"是孔子的毕生追求，也是其学说的核心，所以其人生一切以"道义"为指归。"求富贵，去贫贱"，自然也要依"道义"而行。此处"道义"当指符合道德和礼法的正当之举；即"求富贵，去贫贱"其行为方法要合德、合礼、合法，不能非德、非礼、非法。

其二，"乐道而安贫"。对道的追求，让人即使在通过正当手段而难以摆脱贫困时，仍能保持快乐自足的心境，不会怨天尤人。

其三，"斥奢倡俭"。孔子认为，奢华虽然象征着富贵，却会滋生人的骄慢情绪，使人失去谦逊的态度，因此损德害人；俭朴是穷困的象征，虽然容易让人陷入固陋狭隘，却于他人无损，如此说来，宁肯俭朴而不奢侈。

其四，"谋道"重于"谋食"。"道"是孔子追求的真理，属于精神层面，"食"为人生存在所必需，属于物质层面。精神与物质相比，孔子更看重精神。

第 三 编

言语类

此编选录除第一编"孔子及其门人"之外的言语类章目。

一、时言

1.《卫灵公 15·8》

子曰："可与言而不与之言，失人；不可与言而与之言，失言。知者不失人，亦不失言。"

【译文】

孔子说："可以与他交谈，却不谈，就会错过人才；不可以与他交谈，却同他谈，就浪费了语言。有智慧的人既不会错过人才，又不浪费语言。"

【释读】

孔子提示人们知人、知言的重要性；智者不会错失人才，也不会浪费语言。

2.《卫灵公 15·23》

子曰："君子不以言举人，不以人废言。"

【译文】

孔子说："君子不凭借一个人说的话来举荐他，也不因为一个人不好而不采纳他的话。"

【释读】

程树德《论语集释》："不以言举人，则徒言者不得幸进；不以人废言，庶言路不至壅塞，此致治之机也。"

孔子强调知人识言的重要性。君子不会因为某人一句话讲得好，就认为这个人很好从而举荐他；也不会因为一个人不好，就认为这个人讲的话完全没有价值。知人要听言观行，才能准确地判断一个人是不是人才；品性不好的人，也可能说出至理名言。

所以，知人要观察全面，识言要客观理性。

3.《季氏 16·6》

孔子曰："侍于君子有三愆：言未及之而言谓之躁，言及之而不言谓之隐，未见颜色而言谓之瞽。"

【译文】

孔子说："侍奉君子容易犯三种过失：言语还未及他就说话，这叫急躁；已经说及他的时候却不说话，这叫隐瞒；不看君子脸色而贸然说话，这叫盲目。"

【释读】

《荀子·劝学篇》："未可与言而言谓之傲，可与言而不言谓之隐，不观气色而言谓之瞽。君子不傲不隐不瞽。"

钱穆《论语新解》："本章三愆，皆因侍于君子而始见。侍于君子必知敬，三愆皆由无敬意生。若尽日与不如己者为伍，敬意不生，有愆亦不自知。故人能常侍君子，则己之德慧日长矣。"

孔子强调面对有德位的人，说话要不躁不隐，察言观色。

本章"君子"是指有德行的从政者，这种人考虑事情必然德业兼顾，因此和这种人说话，要特别谨慎。不择时而说话，就叫躁，"吉人之辞寡，躁人之辞多"；而该说不说，就叫作隐，"隐"会让人感觉城府太深不够坦然；至于不看君子颜色就抢着说话，其不易得体，甚而说错话，就是自然的了。

整个孔子学说不离具体情境，是其一大特点。

【总释】

本单元的三则内容都是在谈论说话的时机和价值。

二、善言

1.《学而 1·13》

有子曰："信近于义，言可复也；恭近于礼，远耻辱也；因不失其亲，亦可宗也。"

【译文】

有子说："讲信用要符合于义，（符合于义的）话才能实行；恭敬要符合于礼，这样才能免遭耻辱；所依靠的都是值得信赖的人，也就可以效法了。"

【释读】

本章是有子提示人们：言行交际当以礼、义为依归。

有子的这段话，表明他对"信"和"恭"是十分看重的。"信"和"恭"都要以周礼为标准，不符合礼的话绝不能讲，讲了就不是"信"的态度；不符合礼的事绝不能做，做了就不是"恭"的行为。"信"与"恭"是为人处世的基本道德操守。

"因不失其亲"也可译为：所依靠的不脱离自己的亲族。

2.《子罕 9·24》

子曰："法语之言①，能无从乎？改之为贵。巽与之言②，能无说乎？绎之为贵。说而不绎，从而不改，吾末如之何也已矣。"

【注释】

①法语之言：法，指礼仪规则。这里指符合礼法规矩的话。②巽与之言：巽，恭顺，谦逊。与，称许，赞许。这里指恭顺赞许的话。

【译文】

孔子说："符合礼制规矩的正言规劝，谁能不听从呢？但（按它）改正自己的错误才可贵。恭顺赞许的话，谁能听了不喜悦呢？但认真推究它（的真伪是非），才是可贵的。只是高兴而不去分析，只表面听从而不改正错误，那我拿他就实在没有办法了！"

【释读】

能够当面听从正言规劝，却不能在行动中改正错误，并非真正听从，甚至不如不听从；爱听好话却不加以分析辨别，实则盲目无脑，"从而不改"更不会对行为有所助益。所以不改不绎，都无助于德行的修养提高，并非对待善言的正确态度。

3.《卫灵公 15·24》

子贡问曰："有一言而可以终身行之者乎?"子曰："其恕乎! 己所不欲，勿施于人。"

【译文】

子贡问道："有没有一个字是可以一生奉行的呢?"孔子回答说："大概是恕吧! 你自己不想要的，便不要来给别人。"

【释读】

朱熹《四书章句集注》："推己及物，其施不穷，故可以终身行之。"

钱穆《论语新解》："古人称一字为一言。求能终身行之，则必当下可行者始是。若'仁'字固当终身行之，但不能当下即是。子曰：'吾欲仁，斯仁至矣。'此以心言，不以行言。仁之为道，非咄嗟可冀。只一'恕'字当下便可完成。己所不欲，勿施于人，骤看若消极，但当下便是，推此心而仁道在其中。故可终身行之。"

【总释】

《荀子·荣辱篇》："与人善言，暖于布帛；伤人之言，深于矛戟。"正面的话对人生有莫大的教益，或者鼓舞心灵，或增进智慧，或融洽情谊。

本单元所举三章均为这样的善言。进德修业，是可以从践行这些善言开始的。

三、言与德

1.《学而 1·3》

子曰："巧言令色，鲜矣仁。"

【译文】

孔子说："花言巧语，装出和颜悦色的脸色，那样的人仁心就很少了。"

【释读】

《论语正义》包曰：巧言，好其言语；令色，善其颜色；皆欲令人说之。

此章从否定的方面来规定"仁"。

"仁"不是某种外在的华丽夸饰，而外在的容色和语言都应服从于内心的修养。花言巧语和装出的好脸色，其目的在于讨好别人，而非真正发之于心而形之于外的表现。只欲媚人利己，其心不诚，其意不真，与"仁德"相背，所以孔子不许。

2.《卫灵公 15·27》

子曰："巧言乱德。小不忍则乱大谋。"

【译文】

孔子说："花言巧语就会扰乱人的德行，小事情不忍耐，就会扰乱大事情。"

【释读】

参看上章"巧言令色，鲜矣仁"。巧言足以扰乱自己的德行；小事上不能忍耐，往往会扰乱大的布局和谋划，"如妇人之仁不能忍其爱，匹夫之勇不能任其忿"（钱穆《论语新解》）。

四、言与行

1.《里仁 4·22》

子曰:"古者言之不出,耻躬之不逮也。"

【译文】

孔子说:"古代人不轻易把话说出口,因为他们以自己做不到为可耻啊。"

【释读】

孔子论古人以只说不做为耻。

古人重承诺,一言既出,生死以之,如果是做不到的事,绝不随便答应。所谓"一诺千金",便是这种典范。荆轲、聂政、季布等,都是这种人物。游侠之士,尚且如此,何况是以道德良知自律的知识分子呢?所以孔子说,古人不轻易说话,更不说随心所欲的话,因为他们以不能兑现允诺而感到耻辱。

这一思想在今天仍有可取之处。

2.《里仁 4·24》

子曰:"君子欲讷于言而敏于行。"

【译文】

孔子说:"一个君子要常想说话要谨慎些,行动要敏捷些。"

【释读】

此章是孔子论君子对于言行的态度。

相对于做事而言,说话容易,所以人易流于轻率;做事困难,人易生怠惰。孔子勉励人要"讷于言而敏于行",正是要人们革除这样的人性弱点。但这的确是很不容易做到的,孔子深知人性,所以说"君子欲讷于言而敏于行",着一"欲"字,正说明其困难,也见君子时时以此警戒自惕。

3.《宪问 14·20》

子曰："其言之不怍，则为之也难。"

【译文】

孔子说："如果大言不惭，那么做起来也就很困难了。"

【释读】

孔子论人言语轻率，则行动必然难以配合，不易达成。言之不怍，表示轻许诺。轻许诺的原因，是不把实践当回事；不把实践当回事，当然为之也难。

4.《宪问 14·27》

子曰："君子耻其言而过其行。"

【译文】

孔子说："君子以他说的话超过他所做的而感到耻辱。"

【释读】

《礼记·杂记》："有其言而无其行，君子耻之。"

《论语·里仁》："古者言之不出，耻躬之不逮也。"

以上两句意同。

孔子论君子对言与行的态度，以言过其行为耻。言过其行，是指话说得过了头，但行为上却做不到。其原因，若不是好大喜功，就是存心欺骗，两者都是立德修业的大忌。但在社会生活中，总有一些人夸夸其谈：大话、套话、虚话，虚假浮夸，却难有实绩，给集体和他人造成不良影响。言过其行，对自己来讲，次数多了，就会造成信用破产，讲的话再也不会有人相信。因此，修德君子当以此为耻。

5.《卫灵公 15·6》

子张问行。子曰："言忠信，行笃敬，虽蛮貊之邦，行矣。言不忠信，行不笃敬，虽州里，行乎哉？立则见其参于前也，在舆则见其倚于衡也，夫然后行。"子张书诸绅。

【译文】

子张问如何才能行得通。孔子说："说话要忠信，行事要笃敬，即使去到蛮貊之地，也行得通。说话不忠信，行事不笃敬，就是在本乡本土，能行得通吗？站着，就仿佛看到忠信笃敬这几个字显现在面前，坐车，就好像看到这几个字刻在车辕前的横木上，能如此，自然会到处行得通了。"子张把这些话写在常束腰间的大带上。

【释读】

此章是孔子答子张问行。

说话忠诚而信实，行为笃实而恭谨，而且念兹在兹，时时不忘，自能通行于天下。

"樊迟问仁。子曰：'居处恭，执事敬，与人忠。虽之夷狄，不可弃也。'"（《子路13·19》）与本章主旨相近，可以参看"论仁"第10。

6.《卫灵公15·17》

子曰："群居终日，言不及义，好行小慧，难矣哉！"

【译文】

孔子说："（大家）整天聚在一起，言谈都达不到义的标准，却喜欢卖弄小聪明，这就真难办了呀！"

【释读】

程树德《论语集释》："小慧，谓小小才知（智）。难矣哉，言终无成。"

孔子告诫人们：群居交谈，应以义理为内涵。人类群居，如果相摩以善，行事规矩，合礼义，就会渐渐养成敦厚质朴的习性，道德修养日新又新，社会风气日渐向好，社会发展就会走到至诚至善的路上；相反，言不及义，好行小慧，日久就会养成投机取巧的习性；群居终日，习性相染，就会使世风日趋浇薄，社会道德败坏沦丧。

第 四 编
政事类

"孔子之政治事业，当为其以教以学之当境实践之一部分。"(钱穆)因此，《论语》中有关治政的言论或实践都与其"教""学"有着不可分割的联系，应当是孔子"教"与"学"中的核心内容在政治活动中的施展或延伸，以此体现孔子学说"一以贯之"的特点。

孔子一生，栖栖惶惶，周游列国，主要目的即在推行其政治主张，故《论语》书中有不少论及政事的篇章，为学习时便于深入理解，在此分别汇整，列于"政事类"下，使读者对孔子的政治理念，能有较完整的认识。

在政事类中，又因选辑章句内涵的不同，分为"论为政"与"论礼乐"两篇目。

一、论为政

　　《论语》中，记载了孔子借答弟子、时人之问等，对治政作了恳切详明的论述，内容丰富，兹选录二十六章，分类编次而述之，大致为六部分内容。为政首须繁庶人口，改善民生；继之以教化人民，增强国力，故编"子适卫""孟氏使阳肤为士师""善人教民""以不教民战"等为第一部分；为政之道在于以德为先，为民表率，举用贤才，按部就班，以收风行草偃之效，故编"为政以德""道之以德""其身正""季康子问政于孔子（政者，正也）""季康子问政于孔子（君子之德风）""子路问政""仲弓为季氏宰""子夏为莒父宰""哀公问何为则民服"等为之后；为政应以诚信为本，故编"君子信而后劳其民""子贡问政"等再为之后；为政须以正名，名正然后言顺，事成，然后君臣各尽其职，故编"齐景公问政于孔子""卫君待子为政""定公问君使臣""子路问事君""不再其位"等章节为第四部分；为政者应以礼让为国，应具备温、良、恭、俭、让等美德，应奉行"五美"，摒除"四恶"，应体恤人民，而以"聚敛"为戒，故编"能以礼让为国""夫子至于是邦""尊五美""哀公问于有若""季氏富于周公"等为第五部分；近悦远来，赢得民心，也是为政的要务，故编"叶公问政于孔子"为最后一章。

　　1.《子路 13·9》
　　子适卫，冉有仆。子曰："庶矣哉！"冉有曰："既庶矣，又何加焉？"曰："富之。"曰："既富矣，又何加焉？"曰："教之。"

　　【译文】
　　孔子到卫国，冉有为他驾车。孔子说："卫国人口真多呀！"冉有说："人口多了，还要再做些什么呢?"孔子说:"(设法)使他们富起来。"冉有说:"富了之后，又需要再做些什么呢?"孔子说:"对他们加以教化。"

【释读】

此章是孔子教导冉有为政之道在于:庶民、富民、教民。

孔子在人民繁庶的基础上提出"富民"和"教民"的思想，而且是"先富后教"。一个国家，人口富庶之后，首先必须养民，让人民丰衣足食，这是经济基础;丰衣足食之后，为政者的当务之急就是教民，提高国民的文化素养和道德水平，还要让他们懂得如何自我实现，如何立人达人，如此才可能使整个社会群策群力，和谐共进，这是为政的最终目的。

孔子"先富后教"的思想孟子也有继承。《孟子·梁惠王上》中《寡人之于国也》中有"谨庠序之教，申之以孝悌之义"的主张，就是在百姓衣食富足后实施的教化。

2.《子张 19·19》

孟氏使阳肤^①为士师，问于曾子。曾子曰:"上失其道，民散久矣。如得其情，则哀矜而勿喜。"

【注释】

①阳肤:曾子的学生。

【译文】

孟氏任让阳肤当典狱官，阳肤去问曾子。曾子说:"在上位的人治民失去了道义，民心离散已久。你遇到判狱而能获得他们的实情，就应当同情怜悯他们，而不要自喜明察啊!"

【释读】

本章是曾子教阳肤要有恤刑爱民之心，真正体现了儒家的仁政爱民。

恤刑，初见于《尚书·舜典》:"钦哉，钦哉，惟刑之恤哉!惟刑之恤哉!"意即考虑到刑法可能滥用失当，量刑时要有悯恤之意，使刑罚轻重适中。曾子的弟子阳肤被孟孙氏任命为掌理狱讼的官吏，他特别请求老师指点。曾子先指出鲁国当时的社会背景，居上位的君卿有背教养人民的正道，民心离散已经很久了，因此告诉阳肤审理案件时，要同情人民不得已的苦衷，审察他们犯罪的真实情况，哀悯他们因无知而受刑，不要因了解案情真相而居功自喜。得情而矜，正是"恕道"的体现，审理犯罪的案件，尤需怀着同情怜悯之心，这才是审察狱讼之争应有的态度。

3.《子路13·29》

子曰："善人教民七年，亦可以即戎矣。"

【译文】

孔子说："善人在位，教练百姓七年时间，也就可以叫他们上战场了。"

【释读】

孔子言善人为政，教民有方，亦须七年，乃可使之作战。

古代社会，人民以从事农业为主，从军作战，保国为民的军事训练，则采寓兵于农的方式。所以善人为政，必先教百姓孝悌忠信的德行修养，农田耕耘的生产技能，在农闲时操练战技、演习阵法等。春秋时期，许多国君不恤民生，征伐不断，让没有经过训练的百姓征战，残民害民。孔子见及，于心不忍，故揣度善人为政，尚且必须七年之久，乃可使民攻战，以此作为国君的鉴戒，意在提醒国君能怜恤人民。

4.《子路13·30》

子曰："以不教民战，是谓弃之。"

【译文】

孔子说："如果用不经训练的百姓去攻战，就叫抛弃他们。"

【释读】

与上章合见孔子论政不讳言兵。

这两章都讲了教练百姓作战的问题，从中可以看出，孔子虽然一向主张"尚文不尚武，尚德不尚力"，但并不讳言兵备。执政者不可轻易用兵，如需用兵作战，尤其是保家卫国的正义之战，必须先教育和训练人民；否则人民不知为何而战、为谁而战，并且不具备相当的作战技能，就让他们盲目参战，必然白白送命，这等于抛弃了百姓。"明耻教战"，才能克敌制胜；具有仁者胸怀的为政者，才能获得人民的拥戴。

在诸侯互相兼并、天下战乱不断的社会背景下，孔子虽然主张德治是国家长治久安的根本，但也强调充实军备训练战技的必要性。从此可看出孔子的仁者胸怀及其对待现实的客观理性态度。

5.《为政2·1》

子曰："为政以德，譬如北辰，居其所而众星共之。"

【译文】

孔子说："以自己的德行来治理国家，就好像天上的北极星，安居其所，而群星就会围绕环抱着它。"

【释读】

钱穆《论语新解》："孔门论学，最重人道。政治，人道中之大者。人以有群而相生相养相安，故《论语》编者以《为政》次《学而》篇。孔门论政主德化，因政治亦人事之一端，人事一本于人心。德者，心之最真实，最可凭，而又不可掩。故虽蕴于一心，而实为一切人事之枢机，为政亦非例外。此亦孔门论学通义，迄今当犹然。"

从钱解中可见，孔子学说"一以贯之"之理。"德"为"学"之核心，也为"学"之目的。而对于为政者而言，"德"亦为治政的前提和关键，统治者首先要"修身以德"方能"为政以德"，"为政以德"方可"本仁以育万物，本义以正万民，本中和以制礼乐"（《四书正疑》），从而归于"天下大同"、人人向善之道德至境。

6.《为政2·3》

子曰："道之以政，齐之以刑，民免而无耻，道之以德，齐之以礼，有耻且格。"

【译文】

孔子说："用政事来引导百姓，用刑法来整治规范百姓，民众只求免于受刑罚，却没有羞耻之心；用德行来领导百姓，用礼制去统一规范百姓的言行，百姓不仅会有羞耻之心，而且也就守规矩了。"

【释读】

钱穆《论语新解》："孔门政治理想，主德化，主礼治。此章深发其趣。盖人道相处，义属平等，理贵相通。其主要枢机，在己之一心。教育政治，其道一贯，事非异趋。此乃孔门通义……"

法律政令是对百姓外在行为的规范和约束，而不能从根本上改变其内心，而着眼于"人心"知耻向善的德化，是教化百姓的根本和关键。它能引导人们克己复礼，温良恭俭，使人心归于"仁义"，行为符合"礼制"，由内而外，改变社会风气。法制律令的强制性固然可以在短期内消除祸乱，抑制犯罪，却不能作为根本的长久的治国之策。由此看来，道德礼文的教化是在法律无法触及的地方筑起的一道人性的堤坝。强调道德教化，在当今的法制社会仍有其重要的意义。

7.《子路 13·6》

子曰："其身正，不令而行；其身不正，虽令不从。"

【译文】

孔子说："他自身正了，即使不下命令，百姓也会去做；他自身不正，即使下令，百姓也不会听从。"

【释读】

孔子主张居上位的人必须立身端正，才能顺利地推行政令。

作为领导者能够遵行正道，端正品格，以身垂范，自然感召众人，起而效法；否则，上行下效或上位者不受拥戴，自然政令无法推行。所以，作为领导者应以修身为要。

8.《颜渊 12·17》

季康子问政于孔子。孔子对曰："政者，正也。子帅以正，孰敢不正？"

【译文】

季康子问孔子如何治政。孔子说："政就是正的意思。您率先走正道，在下的还有谁敢不走正道呢？"

【释读】

孔子答季康子问政，强调为政必先正己，然后足以正人。

政治是管理众人的事，必须以推行正道为准。孔子用"正"字诠释"政"是有深意的，那就是为政的人先要以身作则，笃守正道，如此一来，人民自然起而影从，归于正道。

此章和上一章可互见为政者自身坚守正道、修养道德的重要。

9.《颜渊12·19》

季康子问政于孔子曰："如杀无道，以就有道，何如？"孔子对曰："子为政，焉用杀？子欲善而民善矣。君子之德风，人小之德草，草上之风，必偃。"

【译文】

季康子向孔子询问如何治理政事，说："如果能杀掉无道的人来成全有道的人，怎么样？"孔子说："您作为主政的人，哪里用得着杀人呢？您心里想要向善，老百姓也会跟着向善了。在上位者的品德好比风，在下的人好比草，风吹到草上，草必定会随风倒的呀！"

【释读】

此章是孔子告诉季康子为政不可依恃刑杀；而应以身作则，以善化民。

领导者的好尚，往往动见观瞻，带动整个社会，形成某种风气，"所谓风俗之厚薄……自乎一二人之心之所向"（曾国藩《原才》），这几乎是古今的通则。季康子是鲁国的权臣，位高权重，言行思想，对于各级官员和百姓都有很大的影响。孔子向他建议："子欲善，而民善矣。"说明为政治本之道，本不在于凶残狠厉，专恃刑杀，而是要以仁厚的情怀与道德礼法引导人民向上向善。

风行草偃的比喻形象生动，阐明了君子（有权位的人）和人民之间，地位、势力悬殊；人民往往是较易受领导者的影响的，领导者若能以身垂范，自然能够收到风行草偃的效果。

10.《子路 13·1》

子路问政。子曰："先之劳之。"请益。曰："无倦。"

【译文】

子路问如何治政。孔子说："自己率先去做，（再）使百姓勤劳。"子路请多讲一点指导。孔子说："（照上面说的去做）不懈怠。"

【释读】

朱熹《四书章句集注》："勇者喜于有为而不能持久，故以此告之。"

孔子示子路为政之道在于以身作则，持久不息。

"先之"，在于为政者以最高的道德标准、最严的法度自我要求、自我规范，然后再用道德礼义教化民众，自然会收到风行草偃的效果；"劳之"，朱熹说"凡民之事，以身劳之"（《论语集注》），领导者宵衣旰食，为的不是争权势，谋私利，而是一心为民，使政通人和，百姓安泰。"无倦"是勉励子路在"先之，劳之"时，要耐得住烦琐，要持久不懈，假以时日，自能为政有成。

11.《子路 13·2》

仲弓为季氏宰，问政。子曰："先有司①，赦小过，举贤才。"曰："焉知贤才而举之?"曰："举尔所知。尔所不知，人其舍诸?"

【注释】

①有司：古代负责具体事务的官吏。

【译文】

仲弓做了季氏的大总管，问怎样管理政事。孔子说："诸事先要责成下面负责具体事务的官吏，赦免他们的小过错，选拔贤才来任职。"仲弓又问："怎样才知道是贤才而把他们选拔出来呢?"孔子说："选拔你所知道的，至于你不知道的，难道别人还会舍弃他们（不用）吗?"

【释读】

孔子教导仲弓为政当重"选贤举能"。

唐太宗曾诫杜如晦:"公等读牒不暇,安能求贤?"正说明宰相的主要职责是要选贤与能,知人善任,设官分职,使之各理所司。属下有过错,贻误大事者,理应加以惩处,小过则要懂得宽恕,这是做领导者应有的胸襟气度;领导者能够如此,自然人人奋勉,都愿尽心效力了。

孔子所说的三项原则,今日看来,不仅可施于国政,也可用于所有企业单位的人事管理。

12.《子路 13·17》

子夏为莒父^①宰,问政。子曰:"无欲速,无见小利。欲速则不达,见小利则大事不成。"

【注释】

①莒(jǔ)父:鲁国的一个城邑,在今山东省莒县境内。

【译文】

子夏做莒父的总管,问孔子如何管理政事。孔子说:"不要求快,不要贪小利。求快反而达不到目的,贪小利就做不成大事。"

【释读】

钱穆《论语新解》:"欲速则急遽失序,故反有不达。见当前之小利,则所就小而转失其大处。"

子夏做了莒父的长官,想在任内有所表现,见出治国的绩效,孔子看出他急于求功的心情,勉励子夏要有长远的眼光,着眼于远大的目标。"欲速则不达",体现着辩证法思想,是生活经验和智慧的总结。

13.《为政 2·19》

哀公问曰:"何为则民服?"孔子对曰:"举直错诸枉,则民服;举枉错诸直,则民不服。"

【译文】

鲁哀公问:"怎样做百姓才能服从呢?"孔子回答说:"把正直无私的人提拔起来,放在邪曲的人之上,老百姓就会服从了;把邪恶不正的人提拔起来放在正直的人之上，老百姓便不会服从。"

【释读】

孔子答哀公问政，说明为政重在选用正直之士。

用人适当与否，关系着国家的治乱，社会的安危。国君选人，首重举用正直的贤士。如正直之士、贤能之臣居于上位，则可弊绝风清，奸邪小人就少有为非作歹的机会，还可能受到居上位的正人君子的人格感化而改邪归正。如此一来，人民自然心服口服，纷纷向上向善了。反之，如果举用奸邪之徒，他们不但会倾轧正人君子，还会欺压良善，使是非不明，黑白颠倒，道义法理毁弃。所以，为政者选用人才时，不可不重人的品性。

诸葛亮《出师表》有云："亲贤臣，远小人，此先汉所以兴隆也。亲小人，远贤臣，此后汉所以倾颓也。"言之痛切，可作此章辅注。

14.《子张 19 · 10》

子夏曰："君子信而后劳其民；未信，则以为厉己也。信而后谏；未信，则以为谤己也。"

【译文】

子夏说："君子取得百姓信任后才去役使百姓；否则百姓就会认为是在虐待他们。先取得信任，然后才去劝谏；否则，（君主）就会以为是在诽谤他。"

【释读】

子夏认为君子从政应先取信人民和上司。从事政治工作，无论对人民或领导，都必须要有诚信的精神，先取信于对方，然后达到朱熹所说"诚意交孚（信）"的境界，才能上下贯通，诚敬一心，顺利完成任务，胜任政治工作。

15.《颜渊 12 · 7》

子贡问政。子曰："足食，足兵，民信之矣。"子贡曰："必不得已而去，于斯三者何先？"曰："去兵。"子贡曰："必不得已而去，于斯二者何先？"曰："去食。自古皆有死，民无信不立。"

【译文】

子贡问如何治理国家。孔子说："（先求）粮食充足，军备充足，人民信任。"子贡说："如果不得已，去掉一项，那么在三项中先去掉哪一项呢？"孔子说："去掉军备。"子贡说："如果不得已再去掉一项，那么这两项中去掉哪一项呢？"孔子说："去掉粮食。自古以来，人都是要死的，如果失去人民的信任，那么国家就不能存在了。"

【释读】

本章强调统治者在治政中"取信于民"的重要性。

孔子曾告冉有："既庶矣，当富之。既富矣，当教之。"与本章"足食"在前是同一意思，可见统治者要以保证百姓的生存为先。唯遇不得已，也要让百姓轻食择信，因为信任是国家存在的根本。

16.《颜渊 12·11》

齐景公问政于孔子。孔子对曰："君君、臣臣、父父、子子。"公曰："善哉！信如君不君，臣不臣，父不父，子不子，虽有粟，吾得而食诸？"

【译文】

齐景公问孔子如何治理国家。孔子说："国君要尽君之道，臣子要尽臣之道，父亲要尽父之道，儿子要尽子之道。"齐景公说："好极了！如果国君不像国君，臣子不像臣子，父不像父，子不像子，即使有粮食，我能吃得上吗？"

【释读】

孔子告诉齐景公治国之道，在于君臣父子的关系要有纲有序。

鲁昭公末年，孔子前往齐国，齐景公向他询问为政治国的道理。由于景公怠惰政事，又多内宠，迟迟不肯立世子，又宠信大夫陈氏，造成陈氏专权，君臣父子间尽失本分，国政日趋紊乱，所以孔子答以"君君，臣臣，父父，子子"。景公当时对于孔子之说，非常赞成，也明白君臣、父子之间的伦理纲常如果失序，国家必然大乱，即使有粮食，也不可能安享。可惜景公未能反躬自省，国事听任陈氏，放任其专权。数世之后，陈氏遂篡齐国，足见孔子确有先见之明。

儒学讲"君君、臣臣、父父、子子",即在强调社会的秩序,强调各安其位,遵守礼制,方能使整个社会不致失序,归于安定太平。这也是"正名"之意。"名"之所以重要,在于它是"礼"的载体。可参见下一章。

17.《子路 13·3》

子路曰:"卫君^①待子为政,子将奚先?"子曰:"必也正名乎!"子路曰:"有是哉,子之迂也!奚其正?"子曰:"野哉,由也!君子于其所不知,盖阙如也。名不正则言不顺,言不顺则事不成,事不成则礼乐不兴,礼乐不兴则刑罚不中,刑罚不中,则民无所措手足。故君子名之必可言也,言之必可行也。君子于其言,无所苟而已矣。"

【注释】

①卫君:卫出公,名辄,卫灵公之孙。其父蒯聩被卫灵公驱逐出国,卫灵公死后,蒯辄继位。蒯聩要回国争夺君位,遭到蒯辄拒绝。父子为争君位,竟动起干戈,真可谓父不父、子不子了!这里,孔子对此事提出了自己的看法。

【译文】

子路(对孔子)说:"(如果)卫国国君有意等您去治理国家,您将先从哪些事情做起呢?"孔子说:"一定是正各种名分吧。"子路说:"先生真的迂腐到这种地步吗?这名怎么正呢?"孔子说:"真太粗野了,由啊!君子对于自己不知道的事,总是采取存疑的态度。(如果)名分不正,说起话来就不顺当,说话不顺当,就办不成事情。办不成事情,礼乐也就不能复兴。礼乐不能复兴,执行刑罚就不会恰当。刑罚不恰当,百姓就不知应该如何做事。所以,君子定下名分,必然可以说得出口,说出来一定能够行得通。君子对于自己所说的话,不能有一点随便马虎。"

【释读】

"正名"是孔子"礼"的思想的组成部分。

正名的具体内容就是"君君、臣臣、父父、子子",只有"名正"才可以做到"言顺",接下来的事情就迎刃而解了。此章孔子从"名不正则言不顺""言不顺则事不成"——推论下来，由名分不正，最后造成的后果，将使人民生活不安定。最后孔子又补述：名必可言，言必可行，君子必须出言谨慎。这等于教训了子路的出言不逊。

本章对师生二人的精彩问答、子路直率的性格、孔子正言斥责的语气，描述都很生动，也可作一欣赏。

18.《八佾3·19》

定公问："君使臣，臣事君，如之何?"孔子对曰："君使臣以礼，臣事君以忠。"

【译文】

鲁定公问孔子："君主使唤臣下，臣子事奉君主，（该）怎样做呢?"孔子回答说："君主要按礼的要求去使唤臣子，臣子应该用忠诚来事奉君主。"

【释读】

皇侃《论语义疏》："君能使臣得礼，则臣侍君必尽忠也。君若无礼，则臣亦不忠也。"

本章是孔子对鲁定公说明做国君对待臣子应尽礼，为人臣当尽忠。

鲁国自春秋中叶以后，权臣把持国政，甚至僭越礼法；到了定公时，国君的力量更是微弱了。定公很是忧心，因此有对孔子之问。定公言下之意，认为国君控御臣子，臣子忠于国君，是理所当然的事；卿大夫怎能失礼于国君，不把国君放在眼中呢? 孔子不但顺着定公的话风，含蓄地点出君臣当各尽其本分的道理，而且对君臣之伦做了精到的阐发：君臣关系应用礼、忠两个德目加以规范。国君以尊临卑，对于臣子常易疏忽怠慢，因此要"使臣以礼"，让臣子受到应有的尊重，臣子知所畏敬，在事君之际也必能严守礼法，忠心耿耿，恪尽职守了。

19.《宪问14·22》

子路问事君。子曰："勿欺也，而犯之。"

【译文】

子路问如何事奉国君。孔子说："不要欺骗他，但可以犯颜直谏他。"

【释读】

孔子认为事君之道，不可阳奉阴违，阿谀谄媚。对国君施政的错误，要敢于犯颜直谏。虽然孔子也讲对上位者应该"信而后谏"（见本篇第13），进谏要讲究方式方法，要先取信于君主，但首要的还是要忠而不欺，哪怕是犯颜直谏！做臣子的要有不畏君王权威，不惧斧钺加身的浩然正气和铮铮铁骨，才可谓真正的"忠"臣。

20.《泰伯 8 · 14》

子曰："不在其位，不谋其政。"

【译文】

孔子说："不在那个职位上，就不谋划此职位上的事情。"

【释读】

孔子主张为政不宜越位侵职。

"不在其位，不谋其政"涉及儒家所谓的"名分"问题。不在其位而谋其政，就有僭越之嫌，会被认为是"违礼"之举。孟子说："位卑而言高，罪也。"（《孟子·万章下》）意为居下位的人不宜借箸代筹，强为上司谋划政务。而魏征《谏太宗十思书》说："何必劳神苦思，代下司职？"是认为居上位的人不要越俎代庖，强为部属规划业务；儒家这一遵守"礼制""名分"的思想在春秋末年为维护社会稳定，抑制百姓"犯上作乱"起到过重要作用，但也成为后世对民众不关心政治、安分守礼的心态的诱导，或是某些不关心政治的人的借口。

21.《里仁 4 · 13》

子曰："能以礼让为国乎，何有①？不能以礼让为国，如礼何？"

【注释】

①何有：全意为"何难之有"，即不难的意思。

【译文】

孔子说："能够用礼让来治理国家，那会有什么困难呢？不能用礼让来治理国家，那又把礼怎么办呢？"

【释读】

此章孔子说明为国应以礼让为本。

钱穆《论语新解》："礼必兼双方，又必外敬而内和。知敬能和，斯必有让。故让者礼之质。为国必有上下之分，但能以礼治，则上下各有敬，各能和，因亦能相让。何有，犹言有何难。不能以礼让为国，则上下不敬不和，其极必出于相争。礼岂果为上下相争之工具？如礼何者，犹言把礼怎办？言其纵有礼，其用亦终不得当。自秦以下，多以尊君卑臣为礼，此章'如礼何'之叹，弥见深切。尊君卑臣，又岂'礼让为国'之义。"

本章言礼治义，孔子常以仁礼兼言，此章独举"让"字。在上者若误认礼为下尊上，即不免有争心，不知礼有互让义，故特举为说。所举愈切实，所诫愈显明。

钱穆先生此说可参见本篇第17，"君使臣以礼，臣事君以忠"（《八佾3·19》）。

22.《学而1·10》

子禽问于子贡曰：夫子至于是邦也，必闻其政，求之与，抑与之与？"子贡曰："夫子温、良、恭、俭、让以得之。夫子之求之也，其诸异乎人之求之与？"

【译文】

子禽问子贡说："我们夫子每到一个国家，一定预闻这个国家的政事。是他自己要求的呢，还是人家国君主动给他的呢？"子贡说："夫子用他的温和、善良、恭敬、俭朴、谦让得到的，（或也可说是求得的，）但他求的方法，大概与别人的求法不同吧？"

【释读】

钱穆《论语新解》："子贡善言圣人，此章揭出温、良、恭、俭、让五字，而孔子之心气态度，活跃如见。"

子禽与子贡的对话，把孔子为人处世的品格活灵活现地描画出来。孔子不但集周代文化之大成，而且有很圆融的智慧。他每到一个诸侯国，一定会知闻这个邦国的政治，由于他有温和、善良、恭敬、俭约、谦逊的风范，使得每位国君都推崇他的涵养和智慧，主动和他接触，向他请教施政的道理，请他提供治国的方略。陈亢(字子禽)不明此理，请教子贡，子贡深谙孔子为人，因此要言不烦地将孔子那种伟大政治家的气象和风范说了出来。

23.《尧曰 20·2》

子张问孔子曰："何如斯可以从政矣？"

子曰："尊五美，屏四恶，斯可以从政矣。"

子张曰："何谓五美？"

子曰："君子惠而不费，劳而不怨，欲而不贪，泰而不骄，威而不猛。"

子张曰："何谓惠而不费？"

子曰："因民之所利而利之，斯不亦惠而不费乎？择可劳而劳之，又谁怨？欲仁而得仁，又焉贪？君子无众寡，无大小，无敢慢，斯不亦泰而不骄乎？君子正其衣冠，尊其瞻视，俨然人望而畏之，斯不亦威而不猛乎？"

子张曰："何谓四恶？"

子曰："不教而杀谓之虐；不戒视成谓之暴；慢令致期谓之贼；犹之与人也，出纳之吝谓之有司。"

【译文】

子张问孔子说："要怎样才可以治理政事呢？"

孔子说："要尊重五种美德，摒除四种恶行，这样就可以治理政事了。"

子张问："什么是五种美德呢？"

孔子说："君子要给百姓以恩惠而自己无所耗费；使百姓劳作而不被怨恨；心想求仁而不贪图财利；庄重而不傲慢；威严而不凶猛。"

子张说："怎样叫给百姓以恩惠而自己无所耗费呢？"

孔子说:"让百姓们去做对他们有利的事,这不就是对百姓有利而不耗费自己吗?选择可以让百姓劳作的时间和事情让百姓去做,又有谁会怨恨你呢?自己要求仁便得到了仁,还贪什么呢?君子对人,无论多少,事情大小,从不怠慢他们,这不就是庄重而不傲慢吗?君子衣冠整齐,目不斜视,俨然让人心生敬畏,这不也是威严而不凶猛吗?"

子张问:"什么是四种恶行呢?"

孔子说:"不经教化便杀戮叫作虐;不事先告诫却突然查验成果便叫作粗暴;虽下了命令但开始慢吞吞不当回事,又突然限期要求叫作贼(伤害),同样是给人财物,但在出手时却又吝啬(那像专门从事出纳人员的作风,不是从政君子的风范),叫作小气。"

【释读】

这是子张向孔子请教为官从政的要领。孔子所讲"五美四恶",是其民本思想的具体体现,比如,"因民之所利而利之","择可劳而劳之",反对"不教而杀""不戒视成"的暴虐之政等。而能够惠民、利民、保民的前提,是统治者心有"仁德"而不贪婪的内心修养。

24.《颜渊12·9》

哀公问于有若曰:"年饥,用不足,如之何?"

有若对曰:"盍彻乎①?"

曰:"二②,吾犹不足,如之何其彻也?"

对曰:"百姓足,君孰与不足?百姓不足,君孰与足?"

【注释】

①盍彻乎:盍,何不。彻,西周奴隶主国家的一种田税制度。旧注:"什一而税谓之彻。"②二:抽取十分之二的税。

【译文】

鲁哀公问有若说:"荒年收成不好,(国家)用度不足,怎么办?"

有若回答说:"何不实行彻法(只抽十分之一的田税)呢?"

哀公说:"现在抽十分之二,我还不够,怎么能实行彻法呢?"

有若说:"如果百姓足够,您怎么会不够?如果百姓不够,您怎么又会够呢?"

【释读】

朱熹《四书章句集注》:"民富,则君不至独贫;民贫,则君不能独富。有若深言君民一体之意,以止公之厚敛,为人上者所宜深念。"

钱穆《论语新解》:"民富,君不独贫。民贫,君不独富。人必相人偶(互相致意,相亲相近),故己欲立而立人,己欲达而达人。有若之言,亦仁言也。'孰与'之问,甚有深意。孔子曰:'吾非斯人之徒与而谁与?'(如果我不和世人打交道又和谁打交道呢?)"

此章也可见有若对统治者要有仁心,要与民一体的提醒,是儒家"民本思想"的体现。

25.《先进11·17》

季氏富于周公,而求也为之聚敛而附益之。子曰:"非吾徒也。小子鸣鼓而攻之可也。"

【译文】【释读】参见"孔子论其他弟子"第9。

26.《子路13·16》

叶公问政。子曰:"近者悦,远者来。"

【译文】

叶公问孔子怎样治理政事。孔子说:"使近处的人民快乐,使远处的人民来归附。"

【释读】

孔子回答为政之道在惠爱人民、深得民心。爱民之道在于使经济繁荣、社会安定,人民能够安居乐业。如果实现了这样的理想,近处的人民就会心悦诚服,远方的人民也会欣欣然前来归附。这是为政的理想境界。

二、论礼乐

本单元所选内容，都是孔子阐发礼乐的言论。约言之，"礼"追求的是秩序，"乐"追求的是和谐。追求"秩序"和"和谐"，进而使社会达至仁爱、敦厚和祥和之境。所以，礼、乐是"仁"的外在形式，"仁"才是礼、乐的根本。鲍鹏山用"花叶"与"根"来比它们之间的关系。孔子说："礼，与其奢也，宁俭；丧，与其易也，宁戚。"说的正是不要只注重礼的形式，而要在乎内在的"仁心"。

有关"乐"的教化作用，还可参见《礼记·乐记》。

1.《八佾3·4》

林放问礼之本。子曰："大哉问！礼，与其奢也，宁俭；丧，与其易也，宁戚。"

【译文】

林放问礼的根本是什么。孔子说："意义重大啊，你问的问题！礼节仪式，与其奢侈，不如节俭；办丧事，与其仪式上治办过于周备，不如内心真正哀伤。"

【释读】

孔子答林放问礼的本质在于恭敬，不应只注重外在的排场。

礼，表现在外是一些仪式器物；蕴藏在内则是恭、敬、诚、笃，这才是礼之本。但内在的恭、敬、诚、笃不易看到，外在的仪式器物容易看到。在道德浇薄的时代，很容易让人讲究外在的形式排场，而忽略内在的诚敬之心。因此，孔子主张，礼与其太过奢侈，不如俭约。丧礼以哀戚为主，因为哀戚发自内心，没有诚挚的感情就不可能有真正的哀戚，如果只顾丧礼的治办周到而没有真正的情感，那就失去了丧礼的实质。

2.《述而7·36》

子曰："奢则不孙，俭则固。与其不孙也，宁固。"

【译文】【释读】参见"论富贵"第5。

3.《泰伯8·2》

子曰："恭而无礼则劳，慎而无礼则葸①，勇而无礼则乱，直而无礼则绞②。君子笃于亲，则民兴于仁，故旧不遗，则民不偷③。"

【注释】

①葸：音xǐ，拘谨、畏惧的样子。②绞：说话尖刻，出口伤人。③偷：淡薄。

【译文】

孔子说："只是恭敬而没有礼，就会徒劳无功；只是谨慎而没有礼，就会畏缩拘谨；只是勇猛而没有礼，就会犯上作乱；心直口快而没有礼，说话就会尖刻伤人。在上位的人如果厚待自己的亲属，百姓就会兴起仁的风气了；上位的人如果不遗弃老朋友，百姓间的人情就不会淡薄。"

【释读】

"恭""慎""勇""直"等德目不是孤立存在的，必须以"礼"来规范和引导，它们的实施才能符合中庸的准则，否则就会出现"劳""葸""乱""绞"的情形，就不可能达到修养身心的目的。

4.《述而7·32》

子与人歌而善，必使反之，而后和之。

【译文】【释读】见"弟子记述"第6。

5.《阳货17·4》

子之武城，闻弦歌之声。夫子莞尔而笑，曰："割鸡焉用牛刀？"

子游对曰："昔者偃也闻诸夫子曰：'君子学道则爱人，小人学道则易使也。'"子曰："二三子！偃之言是也。前言戏之耳。"

【译文】

孔子去到武城，听见一片弹琴唱歌的声音。孔子微笑着说："杀鸡何必用宰牛的刀。"子游回答说："以前我听先生说过，'君子学习礼乐就会爱人，百姓学习礼乐就容易听从指挥。'"孔子说："学生们，子游的话是对的呀。我刚才说的话，只是开个玩笑而已。"

【释读】

本章记子游能行圣人之道以教民。

本章所言"道"，即指孔门的礼乐教化之道。子游做武城宰，治政中运用礼乐实施教化，感化人的心灵，使人能向善向道，可说是一个虔诚的行道者，所以孔子由衷赞美并改变言辞，由此章可见孔子的政治理念，也看出孔子的幽默及灵活的教育方法。

6.《阳货17·11》

子曰："礼云礼云，玉帛云乎哉？乐云乐云，钟鼓云乎哉？"

【译文】

孔子说："礼呀礼呀，只是说（供献）玉帛吗？乐呀乐呀，只是说（敲打）钟鼓吗？"

【释读】

礼的目的在追求秩序，乐的目的在追求和谐。礼乐的根本目的是塑造一个恭敬和顺的社会。"礼乐"的实质在内心情感，而非只是外在的仪文、容色、声音。要归"礼"于"仁"，不可本末倒置。

在礼乐教化中，孔子一再强调本与末、质与形的关系。

7.《八佾 3·3》

子曰："人而不仁，如礼何？人而不仁，如乐何？"

【译文】

孔子说："人如果没有仁德了，还怎么实行礼呢？人如果没有仁德了，还怎么能运用乐呢？"

【释读】

朱熹《四书章句集注》："人而不仁，则人心亡矣，其如礼乐何哉？"

钱穆《论语新解》："仁乃人与人间之真情厚意，由此而求表达，于是有礼乐。若人心中无此一番深情厚意，则礼乐无可用。孔子言礼必兼言乐，礼主敬，乐主和。礼不兼乐，偏近于拘束。乐不兼礼，偏近于流放。二者兼融，乃可表达人心到一恰好处。……孔子言礼，重在礼之本，礼之本即仁。孔子之学承自周公。周公制礼，孔子明仁。礼必随时而变，仁则亘古今而一贯更无可变。"

以上钱穆先生所解当助我们理解礼、乐、仁的关系。

仁是礼乐的根本，礼乐是达到仁的外在形式和手段。因此，一个人如果没有仁心，虽然行礼如仪、奏乐喤喤，也只是徒有其表的木偶罢了。

第五编

文学类

一、论为学

"论为学"编于"文学类"中。其中"文",应指"文章、文献、古代典籍"一类(其意可见"学有余力则以学文"一章)。但对"文"的学习仅是孔子之"学"的一部分,"学"之一字在《论语》中除了"学习文献典籍"外,尚有"道德修养""社会实践"等丰富的内涵。此点在"孔子之学"和"孔子之教"中已有说明。读者在阅读"论为学"时应注意区分总结"学"的不同意旨。

对此单元的学习,还可参看《礼记·学记》。

(一)学习目的

1.《宪问 14·24》

子曰:"古之学者为己,今之学者为人。"

【译文】

孔子说:"古时的学者是为自己而学的,而现今的学者是为人而学的。"

2.《宪问 14·30》

子曰:不患人之不己知,患其不能也。

【译文】

孔子说:"不忧虑别人不知道我,只担心我自己没有才能。"

3.《卫灵公 15·19》

子曰:君子病无能焉,不病人之不己知也。

【译文】

孔子说:"君子担心自己没有才能,不担心别人不知道自己。"

【总释】

以上三章均可参看"论为学"之"学习态度"第1。

(二)学习科目

1.《学而1·6》

子曰:"弟子入则孝,出则弟,谨而信,泛爱众,而亲仁。行有余力,则以学文。"

【译文】

孔子说:"弟子们在家就讲孝道,在外面要敬爱兄长,言行要谨慎信实,要博爱众人,亲近那些有仁德的人。这样躬行实践之后,还有余力,就再去学习文献知识。"

【释读】

钱穆《论语新解》:"文,亦称文章,即以读书为学也。有余力始学文,乃谓以孝弟(悌)谨信爱众亲仁为本,以余力学文也。本章言弟子为学,当重德行。若一意于书籍文字,则有文灭其质之弊。但专重德行,不学于文求多闻博识,则心胸不开,志趣不高,仅一乡里自好之士,无以达深大之境。"

孝悌是个人一切道德行为的基础,也是行仁的开始。孔子要求弟子们首先要致力于孝悌、谨信、爱众、亲仁,培养良好的道德观念和道德行为,如果还有闲暇时间和余力,则用以学习古代典籍,增长文化知识。这表明,孔子的教育是以道德教育为中心,重在培养学生的德行,而将书本知识的学习摆在第二位。参见《学而1·2》有子曰:"其为人也孝弟,而好犯上者,鲜矣;不好犯上,而好作乱者,未之有也。君子务本,本立而道生。孝弟也者,其为人之本与?"

2.《述而7·6》

子曰:"志于道,据于德,依于仁,游于艺。"

【译文】

孔子说："立志在道上，据守在德上，依靠在仁上，活动于（礼、乐等）六艺的范围之中。"

【释读】

朱熹《四书章句集注》："志者，心之所之之谓也。……德者，得也，得其道一于心而不失之谓也。……依者，不违之谓。……游者，玩物适情之谓。艺，则礼乐之文，射、御、书、数之法，皆至理所寓，而日用之不可阙者也。朝夕游焉以博其义理之趣。"

孔子以志道、据德、依仁、游艺四项提示学生学习修养的全方位的功夫。

进德修业有一定的方法和层次。首先要立定志向，一心向往人生的正道。再把学道而后有得于心的"德"，拳拳服膺，固守不失。等到德积厚了，自然人欲私心尽去，纯是天理良心之呈现，就可不离仁道。然后兼习礼、乐、射、御、书、数六艺，优游其中，以涵养心灵，陶冶性情，如此循序渐进，必能深造有得。孔子培养学生，就是以仁、德为纲领，以六艺为基本，使学生能够得到全面均衡的发展。

3.《述而7·25》

子以四教：文、行、忠、信。

【译文】【释读】参见"孔子之教"第7。

4.《泰伯8·8》

子曰："兴于诗，立于礼，成于乐。"

【译文】

孔子说："（人的情智）于学《诗》中得到启发，人在对礼的学习中立身，在对乐的学习中完成修养。"

【释读】

本章里孔子提出了他从事教育的三方面内容：诗、礼、乐，而且指出了这三者的不同作用。诗是性情之作，易于感人，故能兴发好善去恶之心；礼以恭敬逊让为本，故学礼可以端正人的行为；乐可以怡人性情，荡涤邪秽，故能陶冶完美人格。

有关学《诗》的作用，参见《阳货 17·9》：子曰："小子何莫学夫诗。诗，可以兴，可以观，可以群，可以怨。迩之事父，远之事君；多识于鸟兽草木之名。"

（三）治学方法

1.《学而 1·7》

子夏①曰："贤贤易色；事父母能竭其力；事君，能致其身；与朋友交，言而有信。虽曰未学，吾必谓之学矣。"

【注释】

①子夏：姓卜，名商，字子夏，孔子的学生，比孔子小 44 岁，生于公元前 507 年。孔子死后，他在魏国宣传孔子的思想主张。

【译文】

子夏说："一个人喜欢人的贤德胜过好色之心；侍奉父母，能够竭尽全力；服侍君主，能够献出自己的生命；同朋友交往，能够信守承诺。这样的人，尽管他自己说没学过，我一定说他已经学习过了。"

【释读】

《学而 1·6》有"行有余力，则以学文"一句，本章中子夏所说的这段话，是对此点的进一步发挥。子夏认为，一个人有无学问、学问好坏，主要不是看他的文化知识，而是要看他是否喜欢"贤德"，能不能践行"孝""忠""信"等伦理道德。只要做到了后面几点，即使他说自己没有学习过，但他已经是有道德修养的人了。所以，将此章与《学而 1·6》联读思考，就更可以看到孔子教育学生所谓的"学"关键在践行仁德的基本特点。

2.《为政 2·15》

子曰："学而不思则罔，思而不学则殆。"

【译文】

孔子说："只读书学习而不思考，就会迷惘；只思考而不读书学习，就危险了。"

【释读】

孔子主张学习与思考并重。他认为，在学习的过程中，学和思不能偏废。思考的好处在于能对事理融会贯通，举一反三；学习的好处在于能汲取前人智慧，增广见闻。如果只偏重思考，将会因不切实际而徒劳无功；如果只偏重学习，将会惑于众说纷纭而无所适从。倘若能做到"学思并重"，定能获益良多，学业或技艺都能够突飞猛进。

3.《雍也 6·27》

子曰："君子博学于文，约之以礼，亦可以弗畔矣夫。"

【译文】

孔子说："君子广泛地学习古代的文献典籍，又以礼来约束自己，也就可以不背离道了。"

【释读】

"博学于文，约之以礼"的目的是不违背正道。此点概括了孔子实施教育的方式与目的。"博学于文"，就是要广博地学习先王留传下来的六艺之文、典章制度，意指人要在浩瀚的学海中，汲取一切宝贵的文化经验；"约之以礼"，是指君子应将一切言行举止安顿于合宜的规范中，进而躬行实践，达到依循正道、存养良心的目的。如此才能将博学之文，用于家庭、社会乃至天下，从而达到己立立人、己达达人的境界。

4.《卫灵公 15·3》

子曰："赐也！女以予为多学而识之者与？"

对曰："然，非与？"

曰："非也。予道一以贯之。"

【译文】

孔子说:"赐啊!你以为我是学习得多了而一一记在心里的吗?"子贡答道:"是啊,(莫非)不是吗?"孔子说:"不是的。我是有一个根本的东西来贯通着的。"

【释读】

孔子自述其学"一以贯之",来启发子贡。

"学"是未知而求知;"识"是已知而记住。孔子在当时,无论是应事接物、出处进退,都能圆融合礼,无所粘滞,时人多以为这是聪明异常、多学强识所致。即使子贡也不免这种想法。所以孔子问而启发他,说自己并非"多学而识之"而是"一以贯之"。"一以贯之"简单说就是以"忠恕之道"贯穿所有事理。孔子将学习之事简约到"一以贯之",而不强调多学而识的功夫。参见《卫灵公15·24》:子贡问曰:"有一言而可以终身行之者乎?"子曰:"其恕乎!己所不欲,勿施于人。"

5.《卫灵公15·31》

子曰:"吾尝终日不食,终夜不寝,以思,无益,不如学也。"

【译文】【释读】见"孔子之学"第13。

6.《子张19·6》

子夏曰:"博学而笃志,切问而近思,仁在其中矣。"

【译文】

子夏说:"广泛学习,而能坚定志向,就自身疑惑处提问,多考虑近处的问题,仁就在其中了。"

【释读】

本章是子夏说明成就仁德的方法。子夏的"博学而笃志,切问而近思"是孔子"学思并重"思想的继承和发展。

(四)学习态度

1.《学而1·1》

子曰:"学而时习之,不亦说乎? 有朋自远方来,不亦乐乎? 人不知而不愠,不亦君子乎?"

【译文】

孔子说:"学习,然后能时时反复实践它,不是很愉悦吗? 有朋友从远方来相聚,不是很快乐吗? 别人不了解我,我却不烦恼怨怒,不真是修养有成的君子吗?"

【释读】

宋代朱熹对此章评价极高,说它是"入道之门,积德之基"。但对此章的理解历来存在不同的说法。

一是有关"习"字的理解,杨伯峻《论语译注》为"实习,演习"义,此说法可在《说文解字》中寻得依据:习,数飞也。鸟多次飞行试练。此处引申为"反复练习,不断实践"无不可。

二是有关"人不知而不愠,不亦君子乎?"的理解。对此点不妨详析。孔子在此章中所表述的语境是"君子以在生活实践中进德修业为乐"。学习并不断践行的修养过程是让人愉悦的;有朋友从远方来交流切磋学问、砥砺德行也是让人快乐的;即使别人不了解自己,也不会因此而怨恨恼怒,这样的人就是君子啊! 作为一个君子,其精神层面的快乐应该如上。第一"乐"指向自我学习修养的过程,是一种自我提升的满足;第二"乐"是在与朋友交往的过程中验证或实现自身的道德价值,(比方,只有具备了忠信的品格,才会桃李不言下自成蹊,有朋友自远方来)是自身价值得到验证的快乐;第三"乐"是说,如果自己学问精深、道德高尚、志向远大,却无人了解,也不会因为外在的因素而影响自我学习修养提升的幸福感和满足感! 所以一个君子内心快乐不快乐的关键不是外界的了解与否,而是自我不断学习修养提高的满足感,体现了儒家重视自我学习修养的思想观念。

这种观念在《论语》其他则目中也有类似的表述:

"不患人之不己知,患不知人也。" (《学而1·16》)

"不患人之不己知，患其不能也。"　　(《宪问 14·30》)

"君子病无能焉。不病人之不己知也。"　　(《卫灵公 15·1》)

以上各章的共同之处体现为应该担心自己不了解别人，自己没有能力，而不担心忧虑别人不了解自己。

《论语·宪问》中有："古之学者为己，今之学者为人。"荀子《劝学》中也有："古之学者为己，今之学者为人。君子之学也，以美其身。小人之学也，以为禽犊。"意为古人学习是为了自我修养的需要，而今人学习是为了满足讨好别人以达到自我炫耀的目的，实是私欲的满足。

总之，本章提出以学习为乐事，做到人不知而不愠，反映出孔子学而不厌、诲人不倦、注重修养、严格要求自己的思想倾向。这种思想在《论语》中多处可见，有人称其为"实践理性精神"。如果将这些章节内容融会贯通，将有助于对"学而篇"第一章内容的深入理解。

2.《学而 1·14》

子曰："君子食无求饱，居无求安，敏于事而慎于言，就有道而正焉，可谓好学也已。"

【译文】

孔子说："君子不求饮食的饱足，不求居处的安适，做事勤敏，说话谨慎，接近有德行的人来匡正自己，这就可以说是好学了呀。"

【释读】

本章是孔子再次强调"好学"之德。所谓"好学"是要将自己的精神注意力放到道德修养上，而非过分讲究和追求饮食的饱足与居处的舒适安逸。有志于学，在实践中不断进德修业，一箪食，一瓢饮，在陋巷，乐亦在其中。本章仍涉及对待"物质与精神"的态度，体现出孔子认为精神追求高于物质追求的思想倾向。

3.《雍也 6·20》

子曰："知之者不如好之者，好之者不如乐之者。"

【译文】

孔子说："知道它，不如喜爱它；喜爱它，不如以它为乐。"

【释读】

朱熹《四书章句集注》："知之者，知有此道也。好之者，好而未得也。乐之者，有所得而乐之也。……此古之学者，所以自强而不息者欤？"

知道止于了解，喜爱升至兴趣，以之为乐则是学而有得，从而获得心灵精神的愉悦。也只有将一项事业或学习当成生命中的快乐沉浸其中，才会有最大的收获。

4.《雍也6·23》

子曰："知者乐水，仁者乐山；知者动，仁者静；知者乐，仁者寿。"

【译文】

孔子说："聪明人喜爱水，有仁德者喜爱山；聪明人活动，仁德者沉静。聪明人快乐，有仁德者长寿。"

【释读】

朱熹《四书章句集注》："知者达于事理而周流不滞，有似于水，故乐水。仁者安于义理而厚重不迁，有似于山，故乐山。"

知者因为明达事理、思维敏捷、知识渊博而通透无滞，与水的特质相似，故乐水而好动；仁者因为稳重敦厚、豁达明理而没有忧虑，跟山的特质相似，故乐山而好静。水奔腾不止，恰好对应着知者不断进取的精神；山静穆稳重，又正好象征了仁者沉稳刚毅的品质。孔子从自然取比，把山水的自然特征与人的高洁品德紧密相扣。用自然之美来感染人，教化人。

钱穆《论语新解》："道德本乎人性，人性出于自然，自然之美反映于人心，表而出之，则为艺术。故有道德者多知爱艺术，以此二者皆同本于自然也。《论语》中，似此章富于艺术性之美者尚多，鸢飞戾天，鱼跃于渊，俯仰之间，而天人合一，亦合之于德性与艺术耳，此之谓善美合一。善美合一，此乃中国古人所倡天人合一之深旨。"

钱穆先生所解"善美合一""善美同源于自然"之说，又当是对儒家学说"天人合一"深刻内涵的一种揭示。《论语》中从自然取譬，既达于"德"，又达于"美"之境的表述很多，本篇"学习态度"第9—13，皆是也！

5.《述而7·2》

子曰："默而识之，学而不厌，诲人不倦，何有于我哉？"

【译文】【释读】见"孔子之学"第4。

6.《述而7·20》

子曰："我非生而知之者，好古，敏以求之者也。"

【译文】【释读】见"孔子之学"第8。

7.《述而7·34》

子曰："若圣与仁，则吾岂敢？抑为之不厌，诲人不倦，则可谓云尔已矣。"公西华曰："正唯弟子不能学也。"

【译文】【释读】见"孔子之学"第12。

8.《泰伯8·17》

子曰："学如不及，犹恐失之。"

【译文】

孔子说："学习知识就像追赶（什么似的）生怕追赶不上，（赶上了）又生怕丢掉了。"

【释读】

钱穆《论语新解》："学问无穷，汲汲终日，犹恐不逮。或说：如不及，未得欲得也。恐失之，既得又恐失也。上句属温故，下句属知新。"

本章也可见好学者之朝乾夕惕、学而不厌、自强不息的精神。

9.《子罕 9 · 17》

子在川上曰："逝者如斯夫，不舍昼夜。"

【译文】

孔子在河边说："消逝的时光就像这（河水）一样啊，不分昼夜向前奔流。"

【释读】

本章写孔子在川上以流水作比叹息时光流逝不停，而勉人自强不息。

10.《子罕 9 · 19》

子曰："譬如为山，未成一篑，止，吾止也；譬如平地，虽覆一篑，进，吾往也。

【译文】

孔子说："譬如堆山，只差一筐土，如果停下来，那是我自己要停下来的呀；譬如在平地上，即使只倒下一筐土，这时继续前进，那是我自己要前进的呀。"

【释读】

朱熹《四书章句集注》："盖学者自强不息，则积少成多；中道而止，则前功尽弃。"

强调"韧性"，自有成效。荀子《劝学》中有"积土成山，风雨兴焉；积水成渊，蛟龙生焉；……故不积跬步，无以至千里；不积小流，无以成江河。骐骥一跃，不能十步；驽马十驾，功在不舍。锲而舍之，朽木不折；锲而不舍，金石可镂"，与此章意同。

成语"功亏一篑"源于此。

11.《子罕 9 · 22》

子曰："苗而不秀者有矣夫；秀而不实者有矣夫！"

【译文】

孔子说："庄稼发了苗却未能成长结穗，是有的吧；结穗了却未能结果实，也是有的吧。"

【释读】

此章是孔子感叹学而无成者。孔子以庄稼的生长、开花到结果来比喻一个人从求学到出仕的过程。有的人看似很有希望，却不能坚持始终，最终达不到目的，不能被统治者所用，服务于社稷天下。

12.《子罕 9·28》

子曰："岁寒，然后知松柏之后凋也。"

【译文】【释读】见"论刚毅"第 3。

13.《子罕 9·31》

"唐棣之华，偏其反而。岂不尔思，室是远而。"子曰："未之思也，夫何远之有？"

【译文】

(古诗说:)"唐棣花开，翩翩地摇摆啊。我岂能不想念你呀？只是我们的居室相隔太远啦。"孔子说："是没有真的想念啊，如果真的想念，有什么遥远呢？"

【释读】

钱穆《论语新解》："孔子引此逸诗而说之，谓实不思而已。若果思之，即近在我心，何远之有？此章言好学，言求道，言思贤，言爱人，无指不可。……孔子说此诗，可谓深而切、远而近矣。'仁远乎哉'，'道不远人'，'思则得之'，皆是也。此章罕譬而喻，神思绵邈，引人入胜。《论语》文章之妙，读者亦当深玩。"

此章以男女相思之情理取比，语言活泼生动，引人入胜；由此也可见孔子随处学习、随处悟理的好学精神。

14.《阳货 17·19》

子曰："予欲无言。"子贡曰："子如不言，则小子何述焉？"子曰：

"天何言哉？四时行焉，百物生焉，天何言哉？"

【译文】【释读】见"孔子之教"第15。

【总释】

以上8至14章都旨在鼓励人学习要持之以恒，珍惜时光，只要肯学，就不怕没有成果。既学之后，又要力求深入，沉潜涵养，久而久之，就会使道德学问达到一定的境界，也就会感觉乐在其中了。

这几章都描写生动、颇具文采，孔子从自然中取比悟理，既可见其哲学与自然的联系，也可看出其言德而达于美的表述。《左传·襄公二十五年》："仲尼曰：'志有之，言以足志，文以足言。不言谁知其志？言之无文，行而不远。'"意思是语言是用来充分表达作者思想的，文采是用来充分发挥语言功能的。文章没有文采，就不能流传很远。足见孔子对文采的重视。此点可参见本篇第4。

15.《子张 19·5》

子夏曰："日知其所亡，月无忘其所能，可谓好学也已矣。"

【译文】

子夏说："每天能知道一些原本不知道的东西，每月都不忘已经学会的东西，这就可以叫作好学了呀。"

【释读】

钱穆《论语新解》："君子之学，当日进而无疆。日知所无，此孔子博文之教。月无忘其所能，此孔子约礼之教。亦颜子所谓'得一善则拳拳服膺而弗失之'。故日知所无则学进，月无忘所能则德立。如是相引而长，斯能择善而固执之，深造而自得之矣。子夏此章之言好学，亦知、德兼言。"

儒家之"学"，当指其进德修业、躬行实践、服务社会的所有行动，其"学"与"德"与"行"不可分割；"好学"之"好"，体现"择善固执"、自强不息的精神，这种精神的传承对于塑造中华民族刚健有为、勤奋不辍的民族性格，其功至伟！其他各家学说难与之比。

有关学习态度还可参见"孔子之学"部分《公冶长 5·28》《阳货 17·8》等章。

二、论《诗》

1.《子路 13·5》

子曰："诵《诗》三百，授之以政，不达^①；使于四方，不能专对^②。虽多，亦奚以为？"

【注释】

①达：通达。这里是会运用的意思。②专对：独立对答。

【译文】

孔子说："熟读《诗》三百首，把政事交给他去处理，却不会办；让他出使四方，却不能独自做主应对。读得虽多，又有什么用呢？"

【释读】

《诗》，是孔子教授学生的主要内容之一。孔子指出诵《诗》的目的在经世致用。

《诗》在孔子时代并非只被当作文艺作品，而是有重要的社会政治用途。它可"言国政，著风俗，本人情，该物理，长于风谕，故诵之者必达于政而能言也"（康有为《论语注》）。所以，《诗》常被为政者当作外交辞令。孔子对《诗》的社会功用论述极为详尽，孔子说："小子何莫学夫《诗》。《诗》，可以兴，可以观，可以群，可以怨。迩之事父，远之事君；多识于鸟兽草木之名。"（《论语·阳货 17·9》）见"论《诗》"第 3。

2.《季氏 16·13》

陈亢问于伯鱼曰："子亦有异闻乎？"

对曰："未也。尝独立，鲤趋而过庭。曰：'学《诗》乎？'对曰：'未也。''不学《诗》，无以言。'鲤退而学《诗》。他日又独立，鲤趋而过庭。曰：'学礼乎？'对曰：'未也。''不学礼，无以立。'鲤退而学礼。闻斯二者。"

陈亢退而喜曰："问一得三。闻《诗》,闻礼,又闻君子之远其子也。"

【译文】

陈亢问伯鱼(孔子之子)："你在你父亲那里听到过什么特别的教诲吗?"

伯鱼回答说："没有呀。有一次他一个人站在庭院,我快步从庭院走过,他问我:'学《诗》了吗?'我说:'没有。'他说:'不学《诗》,就不懂如何说话。'我退下就学《诗》。有一天,他又独自站在那里,我快步走过庭院,他说:'学《礼》了吗?'我说:'没有。'他说:'不学《礼》就不懂得如何立身。'我退下就学《礼》。我就听到过这两件事。"

陈亢回去高兴地说:"我问一件事,却听得了三件事,知道该学《诗》,知道该学《礼》,还知道了君子不偏厚自己的儿子。"

【释读】

孔子勉人学《诗》《礼》,虽对其子亦无所偏私。

孔门六经之中,《乐经》除外,其他五经中和日常生活关系最为密切的是《诗》和《礼》。人于世间,离不开言和行,《诗》教人如何言,《礼》教人如何行。

《诗》中有许多优美的言辞,温厚的情感,让人听了心灵感动,所以学《诗》可以使人言语委婉动人,性情温柔敦厚,这就达到言的要求了。

礼仪三百,威仪三千(《中庸》),都是教人进退应对、揖让周旋的,所以学《礼》可以使人进退适当,应对合宜,这就达到行的要求了。

孔子说:"不学《诗》,无以言。"并不是说不学《诗》就不能讲话,而是讲得不得体;孔子说:"不学《礼》,无以立。"也不是说不学《礼》就无法立身,而是立得不恰切。

陈亢问伯鱼,从伯鱼的回答之中知道君子对自己的子女并没有特别的私心。这种"君子远其子"的不偏私行为,正展现出圣人对人一视同仁的伟大胸襟。

3.《阳货 17·9》

子曰:"小子何莫学夫《诗》。《诗》,可以兴①,可以观②,可以群③，可以怨④。迩之事父，远之事君；多识于鸟兽草木之名。"

【注释】

①兴：激发感情。②观：观察了解天地万物。③群：合群。④怨：讽谏上级，怨而不怒。

【译文】

孔子说："小子们，为什么不学《诗》呢？学《诗》可以激发情志，可以懂得如何观察天地万物，可以使人懂得如何群处，可以使人懂得怎样去讽谏上级。近可用来事奉父母，远可用来事奉国君；还可以多认识并记住一些鸟兽草木的名字。"

【释读】

朱熹《四书章句集注》："学诗之法，此章尽矣。"

此章是孔子提示弟子学《诗》的多重社会功用。《诗经》是百代文学之祖，表现手法多样，不仅有音乐性和文学性，还反映了各地的风俗民情和施政得失，也是民间疾苦和基层心声的表达。读这些诗，可以激发个人情感，增长见闻见识，还可以使心中的悲怨得到宣泄，怨而不怒。从《诗经》中所述的亲子关系，可以学会如何奉养父母；由其中所述的君臣关系，可以学会怎样服事君上；其中又有许多草木鸟兽的名称，可以认识并记住。

由此章可知，《诗》为何成为主张积极入世的孔子为其弟子所规定的必不可少的学习科目。

4.《阳货 17·10》

子谓伯鱼曰："女为《周南》《召南》①矣乎？人而不为《周南》《召南》，其犹正墙面而立也与？"

【注释】

①《周南》《召南》：《诗经·国风》中的第一、二两部分篇名。周南和召南都是地名。这是当地的民歌。

【译文】

孔子对伯鱼说："你学《周南》《召南》了吗？一个人如果不学习《周南》《召

南》，那就像面对墙壁站立一样呀！"

【释读】

孔子对伯鱼强调学习《周南》《召南》的必要性。

所谓"正墙面而立"是说不能前行一步。

《周南》《召南》是周公召公治下的南方民歌，而将《周南》《召南》作为《诗经》的开篇，有将周公召公推崇的本地音乐定为周朝数种音乐的起始之意。孔子要伯鱼学习《周南》《召南》，意思是如果不学，就像面对墙壁站立不能前行一样，无法开阔视野，广博见闻。

附　录

一、梁启超等关于今人读《论语》之建议

梁启超在《要籍解题及其读法》中有对《论语》内容的分类和各部分价值的剖析，可作为学生阅读思考及写作的借鉴。

（一）关于个人人格修养之教训

（二）关于社会伦理之教训

（三）政治谈

（四）哲理谈

（五）对于门人弟子及时人因人施教的问答

（六）对于门弟子及古人时人之批评

（七）自述语

（八）孔子日常行事及门人诵美孔子之语

前所列一、二项，约占全书三分之二；其余六项，约合占三分之一。第一项人格修养之教训，殆全部有历久不磨的价值。第四项之哲理谈，虽着语不多，而皆渊渊入微。第二项之社会伦理，第三项之政治谈，其中一部分对当时阶级组织之社会立言，或不尽适于今日之用，然其根本精神，固自有俟诸百世而不惑者。第五项因人施教之言，则在学者各自审其个性之所近所偏而借以自鉴。第六项对人的批评，读之可以见孔子理想人格之一斑。第七项孔子自述语及第八项别人对于孔子之观察批评，读之可以从各方面看出孔子之全人格。

刘梦溪《今天为什么还要阅读经典》中谈到《论语》的选读："《学而》《为政》《里仁》《颜渊》《子路》《卫灵公》诸章，尤适合今天阅读。"

二、《史记·孔子世家》

孔子生鲁昌平乡陬邑。其先宋人也，曰孔防叔。防叔生伯夏，伯夏生叔梁纥。纥与颜氏女野合而生孔子，祷于尼丘得孔子。鲁襄公二十二年而孔子生。生而首上圩顶，故因名曰丘云。字仲尼，姓孔氏。

丘生而叔梁纥死，葬于防山。防山在鲁东，由是孔子疑其父墓处，母讳之也。孔子为儿嬉戏，常陈俎豆，设礼容。孔子母死，乃殡五父之衢，盖其慎也。陬人挽父之母诲孔子父墓，然后往合葬于防焉。

孔子要绖，季氏飨士，孔子与往。阳虎绌曰："季氏飨士，非敢飨子也。"孔子由是退。

孔子年十七，鲁大夫孟釐子病且死，诫其嗣懿子曰："孔丘，圣人之后，灭于宋。其祖弗父何始有宋而嗣让厉公。及正考父佐戴、武、宣公，三命兹益恭，故鼎铭云：'一命而偻，再命而伛，三命而俯，循墙而走，亦莫敢余侮。饘于是，粥于是，以餬余口。'其恭如是。吾闻圣人之后，虽不当世，必有达者。今孔丘年少好礼，其达者欤？吾即没，若必师之。"及釐子卒，懿子与鲁人南宫敬叔往学礼焉。是岁，季武子卒，平子代立。

孔子贫且贱。及长，尝为季氏史，料量平；尝为司职吏而畜蕃息。由是为司空。已而去鲁，斥乎齐，逐乎宋、卫，困于陈蔡之间，于是反鲁。孔子长九尺有六寸，人皆谓之"长人"而异之。鲁复善待，由是反鲁。

鲁南宫敬叔言鲁君曰："请与孔子适周。"鲁君与之一乘车，两马，一竖子俱，适周问礼，盖见老子云。辞去，而老子送之曰："吾闻富贵者送人以财，仁人者送人以言。吾不能富贵，窃仁人之号，送子以言，曰：'聪明深察而近于死者，好议人者也。博辩广大危其身者，发人之恶者也。为人子者毋以有己，为人臣者毋以有己。'"孔子自周反于鲁，弟子稍益进焉。

是时也，晋平公淫，六卿擅权，东伐诸侯；楚灵王兵强，陵轹中国；齐大而近于鲁。鲁小弱，附于楚则晋怒；附于晋则楚来伐；不备于齐，齐师侵鲁。

鲁昭公之二十年，而孔子盖年三十矣。齐景公与晏婴来适鲁，景公问孔子曰：“昔秦穆公国小处辟，其霸何也？”对曰：“秦，国虽小，其志大；处虽辟，行中正。身举五羖，爵之大夫，起累绁之中，与语三日，授之以政。以此取之，虽王可也，其霸小矣。”景公说。

孔子年三十五，而季平子与郈昭伯以斗鸡故得罪鲁昭公，昭公率师击平子，平子与孟氏、叔孙氏三家共攻昭公，昭公师败，奔于齐，齐处昭公乾侯。其后顷之，鲁乱。孔子适齐，为高昭子家臣，欲以通乎景公。与齐太师语乐，闻韶音，学之，三月不知肉味，齐人称之。

景公问政孔子，孔子曰：“君君，臣臣，父父，子子。”景公曰：“善哉！信如君不君，臣不臣，父不父，子不子，虽有粟，吾岂得而食诸！”他日又复问政于孔子，孔子曰：“政在节财。”景公说，将欲以尼谿田封孔子。晏婴进曰：“夫儒者滑稽而不可轨法；倨傲自顺，不可以为下；崇丧遂哀，破产厚葬，不可以为俗；游说乞贷，不可以为国。自大贤之息，周室既衰，礼乐缺有间。今孔子盛容饰，繁登降之礼，趋详之节，累世不能殚其学，当年不能究其礼。君欲用之以移齐俗，非所以先细民也。”后景公敬见孔子，不问其礼。异日，景公止孔子曰：“奉子以季氏，吾不能。”以季孟之间待之。齐大夫欲害孔子，孔子闻之。景公曰：“吾老矣，弗能用也。”孔子遂行，反乎鲁。

孔子年四十二，鲁昭公卒于乾侯，定公立。定公立五年，夏，季平子卒，桓子嗣立。季桓子穿井得土缶，中若羊，问仲尼云“得狗”。仲尼曰：“以丘所闻，羊也。丘闻之，木石之怪夔、罔阆，水之怪龙、罔象，土之怪坟羊。”

吴伐越，堕会稽，得骨节专车。吴使使问仲尼：“骨何者最大？”仲尼曰：“禹致群神于会稽山，防风氏后至，禹杀而戮之，其节专车，此为大矣。”吴客曰：“谁为神？”仲尼曰：“山川之神足以纲纪天下，其守为神，社稷为公侯，皆属于王者。”客曰：“防风何守？”仲尼曰：“汪罔氏之君守封、禺之山，为釐姓。在虞、夏、商为汪罔，于周为长翟，今谓之大人。”客曰：“人长几何？”仲尼曰：“僬侥氏三尺，短之至也。长者不过十之，数之极也。”于是吴客曰：“善哉圣人！”

桓子嬖臣曰仲梁怀，与阳虎有隙。阳虎欲逐怀，公山不狃止之。其秋，怀益骄，阳虎执怀。桓子怒，阳虎因囚桓子，与盟而醳之。阳虎由此益轻季氏。季氏亦僭于公室，陪臣执国政，是以鲁自大夫以下皆僭离于正道。故孔子不仕，退而修诗书礼乐，弟子弥众，至自远方，莫不受业焉。

定公八年，公山不狃不得意于季氏，因阳虎为乱，欲废三桓之适，更立其庶孽阳虎素所善者，遂执季桓子。桓子诈之，得脱。定公九年，阳虎不胜，奔于齐。是时孔子年五十。

公山不狃以费畔季氏，使人召孔子。孔子循道弥久，温温无所试，莫能己用，曰："盖周文武起丰镐而王，今费虽小，傥庶几乎！"欲往。子路不说，止孔子。孔子曰："夫召我者岂徒哉？如用我，其为东周乎！"然亦卒不行。

其后定公以孔子为中都宰，一年，四方皆则之。由中都宰为司空，由司空为大司寇。

定公十年春，及齐平。夏，齐大夫黎鉏言于景公曰："鲁用孔丘，其势危齐。"乃使使告鲁为好会，会于夹谷。鲁定公且以乘车好往。孔子摄相事，曰："臣闻有文事者必有武备，有武事者必有文备。古者诸侯出疆，必具官以从。请具左右司马。"定公曰："诺。"具左右司马。会齐侯夹谷，为坛位，土阶三等，以会遇之礼相见，揖让而登。献酬之礼毕，齐有司趋而进曰："请奏四方之乐。"景公曰："诺。"于是旍旄羽被矛戟剑拨鼓噪而至。孔子趋而进，历阶而登，不尽一等，举袂而言曰："吾两君为好会，夷狄之乐何为于此！请命有司！"有司却之，不去，则左右视晏子与景公。景公心怍，麾而去之。有顷，齐有司趋而进曰："请奏宫中之乐。"景公曰："诺。"优倡侏儒为戏而前。孔子趋而进，历阶而登，不尽一等，曰："匹夫而营惑诸侯者罪当诛！请命有司！"有司加法焉，手足异处。景公惧而动，知义不若，归而大恐，告其群臣曰："鲁以君子之道辅其君，而子独以夷狄之道教寡人，使得罪于鲁君，为之奈何？"有司进对曰："君子有过则谢以质，小人有过则谢以文。君若悼之，则谢以质。"于是齐侯乃归所侵鲁之郓、汶阳、龟阴之田以谢过。

定公十三年夏，孔子言于定公曰："臣无藏甲，大夫毋百雉之城。"使仲由为季氏宰，将堕三都。于是叔孙氏先堕郈。季氏将堕费，公山不狃、叔孙辄率费人袭鲁。公与三子入于季氏之宫，登武子之台。费人攻之，弗克，入及公侧。孔子命申句须、乐颀下伐之，费人北。国人追之，败诸姑蔑。二子奔齐，遂堕费。将堕成，公敛处父谓孟孙曰："堕成，齐人必至于北门。且成，孟氏之保障，无成是无孟氏也。我将弗堕。"十二月，公围成，弗克。

定公十四年，孔子年五十六，由大司寇行摄相事，有喜色。门人曰："闻君子祸至不惧，福至不喜。"孔子曰："有是言也。不曰'乐其以贵下人'乎？"于是诛鲁大夫乱政者少正卯。与闻国政三月，粥羔豚者弗饰贾；男女行者别于途；途不拾遗；四方之客至乎邑者不求有司，皆予之以归。

　　齐人闻而惧，曰："孔子为政必霸，霸则吾地近焉，我之为先并矣。盍致地焉?"黎锄曰："请先尝沮之；沮之而不可则致地，庸迟乎!"于是选齐国中女子好者八十人，皆衣文衣而舞康乐，文马三十驷，遗鲁君。陈女乐文马于鲁城南高门外。季桓子微服往观再三，将受，乃语鲁君为周道游，往观终日，怠于政事。子路曰："夫子可以行矣。"孔子曰："鲁今且郊，如致膰乎大夫，则吾犹可以止。"桓子卒受齐女乐，三日不听政；郊，又不致膰俎于大夫。孔子遂行，宿乎屯。而师己送，曰："夫子则非罪。"孔子曰："吾歌可夫?"歌曰："彼妇之口，可以出走；彼妇之谒，可以死败。盖优哉游哉，维以卒岁!"师己反，桓子曰："孔子亦何言?"师己以实告。桓子喟然叹曰："夫子罪我以群婢故也夫!"

　　孔子遂适卫，主于子路妻兄颜浊邹家。卫灵公问孔子："居鲁得禄几何?"对曰："奉粟六万。"卫人亦致粟六万。居顷之，或谮孔子于卫灵公。灵公使公孙余假一出一入。孔子恐获罪焉，居十月，去卫。

　　将适陈，过匡，颜刻为仆，以其策指之曰："昔吾入此，由彼缺也。"匡人闻之，以为鲁之阳虎。阳虎尝暴匡人，匡人于是遂止孔子。孔子状类阳虎，拘焉五日，颜渊后，子曰："吾以汝为死矣。"颜渊曰："子在，回何敢死!"匡人拘孔子益急，弟子惧。孔子曰："文王既没，文不在兹乎？天之将丧斯文也，后死者不得与于斯文也。天之未丧斯文也，匡人其如予何!"孔子使从者为宁武子臣于卫，然后得去。

　　去即过蒲。月余，反乎卫，主蘧伯玉家。灵公夫人有南子者，使人谓孔子曰："四方之君子不辱欲与寡君为兄弟者，必见寡小君。寡小君愿见。"孔子辞谢，不得已而见之。夫人在絺帷中。孔子入门，北面稽首。夫人自帷中再拜，环佩玉声璆然。孔子曰："吾乡为弗见，见之礼答焉。"子路不说。孔子矢之曰："予所不者，天厌之! 天厌之!"居卫月余，灵公与夫人同车，宦者雍渠参乘，出，使孔子为次乘，招摇市过之。孔子曰："吾未见好德如好色者也。"于是丑之，去卫，过曹。是岁，鲁定公卒。

　　孔子去曹适宋，与弟子习礼大树下。宋司马桓魋欲杀孔子，拔其树。孔子去。弟子曰："可以速矣。"孔子曰："天生德于予，桓魋其如予何!"

　　孔子适郑，与弟子相失，孔子独立郭东门。郑人或谓子贡曰："东门有人，其颡似尧，其项类皋陶，其肩类子产，然自要以下不及禹三寸。累累若丧家之狗。"子贡以实告孔子。孔子欣然笑曰："形状，末也。而谓似丧家之狗，然哉！然哉！"

孔子遂至陈，主于司城贞子家。岁余，吴王夫差伐陈，取三邑而去。赵鞅伐朝歌。楚围蔡，蔡迁于吴。吴败越王句践会稽。

有隼集于陈廷而死，楛矢贯之，石砮，矢长尺有咫。陈湣公使使问仲尼。仲尼曰："隼来远矣，此肃慎之矢也。昔武王克商，通道九夷百蛮，使各以其方赂来贡，使无忘职业。于是肃慎贡楛矢石砮，长尺有咫。先王欲昭其令德，以肃慎矢分大姬，配虞胡公而封诸陈。分同姓以珍玉，展亲；分异姓以远职，使无忘服。故分陈以肃慎矢。"试求之故府，果得之。

孔子居陈三岁，会晋楚争强，更伐陈，及吴侵陈，陈常被寇。孔子曰："归与归与！吾党之小子狂简，进取不忘其初。"于是孔子去陈。

过蒲，会公叔氏以蒲畔，蒲人止孔子。弟子有公良孺者，以私车五乘从孔子。其为人长贤，有勇力，谓曰："吾昔从夫子遇难于匡，今又遇难于此，命也已。吾与夫子再罹难，宁斗而死。"斗甚疾。蒲人惧，谓孔子曰："苟毋适卫，吾出子。"与之盟，出孔子东门。孔子遂适卫。子贡曰："盟可负邪？"孔子曰："要盟也，神不听。"

卫灵公闻孔子来，喜，郊迎。问曰："蒲可伐乎？"对曰："可。"灵公曰："吾大夫以为不可。今蒲，卫之所以待晋楚也，以卫伐之，无乃不可乎？"孔子曰："其男子有死之志，妇人有保西河之志。吾所伐者不过四五人。"灵公曰："善。"然不伐蒲。

灵公老，怠于政，不用孔子。孔子喟然叹曰："苟有用我者，期月而已，三年有成。"孔子行。

佛肸为中牟宰。赵简子攻范、中行，伐中牟。佛肸畔，使人召孔子。孔子欲往。子路曰："由闻诸夫子，'其身亲为不善者，君子不入也'。今佛肸亲以中牟畔，子欲往，如之何？"孔子曰："有是言也。不曰坚乎，磨而不磷；不曰白乎，涅而不淄。我岂匏瓜也哉，焉能系而不食？"

孔子击磬。有荷蒉而过门者，曰："有心哉，击磬乎！硁硁乎，莫己知也夫而已矣！"

孔子学鼓琴师襄子，十日不进。师襄子曰："可以益矣。"孔子曰："丘已习其曲矣，未得其数也。"有间，曰："已习其数，可以益矣。"孔子曰："丘未得其志也。"有间，曰："已习其志，可以益矣。"孔子曰："丘未得其为人也。"有间，有所穆然深思焉，有所怡然高望而远志焉。曰："丘得其为人，黯然而黑，几然而长，眼如望羊，如王四国，非文王其谁能为此也!"师襄子辟席再拜，曰："师盖云《文王操》也。"

孔子既不得用于卫，将西见赵简子。至于河而闻窦鸣犊、舜华之死也，临河而叹曰："美哉水，洋洋乎! 丘之不济此，命也夫!"子贡趋而进曰："敢问何谓也?"孔子曰："窦鸣犊，舜华，晋国之贤大夫也。赵简子未得志之时，须此两人而后从政; 及其已得志，杀之乃从政。丘闻之也，刳胎杀夭则麒麟不至郊，竭泽涸渔则蛟龙不合阴阳，覆巢毁卵则凤皇不翔。何则? 君子讳伤其类也。夫鸟兽之于不义也尚知辟之，而况乎丘哉!"乃还息乎陬乡，作为《陬操》以哀之。而反乎卫，入主蘧伯玉家。

他日，灵公问兵陈。孔子曰："俎豆之事则尝闻之，军旅之事未之学也。"明日，与孔子语，见蜚雁，仰视之，色不在孔子。孔子遂行，复如陈。

夏，卫灵公卒，立孙辄，是为卫出公。六月，赵鞅内太子蒯聩于戚。阳虎使太子绖，八人衰绖，伪自卫迎者，哭而入，遂居焉。冬，蔡迁于州来。是岁鲁哀公三年，而孔子年六十矣。齐助卫围戚，以卫太子蒯聩在故也。

夏，鲁桓釐庙燔，南宫敬叔救火。孔子在陈，闻之，曰："灾必于桓釐庙乎?"已而果然。

秋，季桓子病，辇而见鲁城，喟然叹曰："昔此国几兴矣，以吾获罪于孔子，故不兴也。"顾谓其嗣康子曰："我即死，若必相鲁; 相鲁，必召仲尼。"后数日，桓子卒，康子代立。已葬，欲召仲尼。公之鱼曰："昔吾先君用之不终，终为诸侯笑。今又用之，不能终，是再为诸侯笑。"康子曰："则谁召而可?"曰："必召冉求。"于是使使召冉求。冉求将行，孔子曰："鲁人召求，非小用之，将大用之也。"是日，孔子曰："归乎归乎! 吾党之小子狂简，斐然成章，吾不知所以裁之。"子赣知孔子思归，送冉求，因诫曰"即用，以孔子为招"云。

冉求既去，明年，孔子自陈迁于蔡。蔡昭公将如吴，吴召之也。前昭公欺其臣迁州来，后将往，大夫惧复迁，公孙翩射杀昭公。楚侵蔡。秋，齐景公卒。

明年，孔子自蔡如叶。叶公问政，孔子曰："政在来远附迩。"他日，叶公问孔子于子路，子路不对。孔子闻之，曰："由，尔何不对曰'其为人也，学道不倦，诲人不厌，发愤忘食，乐以忘忧，不知老之将至'云尔。"

去叶，反于蔡。长沮、桀溺耦而耕，孔子以为隐者，使子路问津焉。长沮曰："彼执舆者为谁？"子路曰："为孔丘。"曰："是鲁孔丘与？"曰："然。"曰："是知津矣。"桀溺谓子路曰："子为谁？"曰："为仲由。"曰："子，孔丘之徒与？"曰："然。"桀溺曰："悠悠者天下皆是也，而谁以易之？且与其从辟人之士，岂若从辟世之士哉！"耰而不辍。子路以告孔子，孔子怃然曰："鸟兽不可与同群。天下有道，丘不与易也。"

他日，子路行，遇荷蓧丈人，曰："子见夫子乎？"丈人曰："四体不勤，五谷不分，孰为夫子！"植其杖而芸。子路以告，孔子曰："隐者也。"复往，则亡。

孔子迁于蔡三岁，吴伐陈。楚救陈，军于城父。闻孔子在陈蔡之间，楚使人聘孔子。孔子将往拜礼，陈蔡大夫谋曰："孔子贤者，所刺讥皆中诸侯之疾。今者久留陈蔡之间，诸大夫所设行皆非仲尼之意。今楚，大国也，来聘孔子。孔子用于楚，则陈蔡用事大夫危矣。"于是乃相与发徒役围孔子于野。不得行，绝粮。从者病，莫能兴。孔子讲诵弦歌不衰。子路愠见曰："君子亦有穷乎？"孔子曰："君子固穷，小人穷斯滥矣。"

子贡色作。孔子曰："赐，尔以予为多学而识之者与？"曰："然。非与？"孔子曰："非也。予一以贯之。"

孔子知弟子有愠心，乃召子路而问曰："《诗》云'匪兕匪虎，率彼旷野'。吾道非邪？吾何为于此？"子路曰："意者吾未仁邪？人之不我信也。意者吾未知邪？人之不我行也。"孔子曰："有是乎！由，譬使仁者而必信，安有伯夷、叔齐？使知者而必行，安有王子比干？"

子路出，子贡入见。孔子曰："赐，《诗》云'匪兕匪虎，率彼旷野'。吾道非邪？吾何为于此？"子贡曰："夫子之道至大也，故天下莫能容夫子。夫子盖少贬焉？"孔子曰："赐，良农能稼而不能为穑，良工能巧而不能为顺。君子能修其道，纲而纪之，统而理之，而不能为容。今尔不修尔道而求为容。赐，而志不远矣！"

子贡出，颜回入见。孔子曰："回，《诗》云'匪兕匪虎，率彼旷野'。吾道非邪？吾何为于此？"颜回曰："夫子之道至大，故天下莫能容。虽然，夫子推而行之，不容何病，不容然后见君子！夫道之不修也，是吾丑也。夫道既已大修而不用，是有国者之丑也。不容何病，不容然后见君子！"孔子欣然而笑曰："有是哉颜氏之子！使尔多财，吾为尔宰。"

于是使子贡至楚。楚昭王兴师迎孔子，然后得免。

昭王将以书社地七百里封孔子。楚令尹子西曰："王之使使诸侯有如子贡者乎？"曰："无有。""王之辅相有如颜回者乎？"曰："无有。""王之将率有如子路者乎？"曰："无有。""王之官尹有如宰予者乎？"曰："无有。""且楚之祖封于周，号为子男五十里。今孔丘述三五之法，明周召之业，王若用之，则楚安得世世堂堂方数千里乎？夫文王在丰，武王在镐，百里之君卒王天下。今孔丘得据土壤，贤弟子为佐，非楚之福也。"昭王乃止。其秋，楚昭王卒于城父。

楚狂接舆歌而过孔子，曰："凤兮凤兮，何德之衰！往者不可谏兮，来者犹可追也！已而已而，今之从政者殆而！"孔子下，欲与之言。趋而去，弗得与之言。

于是孔子自楚反乎卫。是岁也，孔子年六十三，而鲁哀公六年也。

其明年，吴与鲁会缯，征百牢。太宰嚭召季康子。康子使子贡往，然后得已。

孔子曰："鲁卫之政，兄弟也。"是时，卫君辄父不得立，在外，诸侯数以为让。而孔子弟子多仕于卫，卫君欲得孔子为政。子路曰："卫君待子而为政，子将奚先？"孔子曰："必也正名乎！"子路曰："有是哉，子之迂也！何其正也？"孔子曰："野哉由也！夫名不正则言不顺，言不顺则事不成，事不成则礼乐不兴，礼乐不兴则刑罚不中，刑罚不中则民无所错手足矣。夫君子为之必可名，言之必可行。君子于其言，无所苟而已矣。"

其明年，冉有为季氏将师，与齐战于郎，克之。季康子曰："子之于军旅，学之乎？性之乎？"冉有曰："学之于孔子。"季康子曰："孔子何如人哉？"对曰："用之有名；播之百姓，质诸鬼神而无憾。求之至于此道，虽累千社，夫子不利也。"康子曰："我欲召之，可乎？"对曰："欲召之，则毋以小人固之，则可矣。"而卫孔文子将攻太叔，问策于仲尼。仲尼辞不知，退而命载而行，曰："鸟能择木，木岂能择鸟乎！"文子固止。会季康子逐公华、公宾、公林，以币迎孔子，孔子归鲁。

孔子之去鲁凡十四岁而反乎鲁。

鲁哀公问政，对曰："政在选臣。"季康子问政，曰："举直错诸枉，则枉者直。"康子患盗，孔子曰："苟子之不欲，虽赏之不窃。"然鲁终不能用孔子，孔子亦不求仕。

孔子之时，周室微而礼乐废，《诗》《书》缺。追迹三代之礼，序《书传》，上纪唐虞之际，下至秦缪，编次其事。曰："夏礼吾能言之，杞不足征也。殷礼吾能言之，宋不足征也。足，则吾能征之矣。"观殷夏所损益，曰："后虽百世可知也，以一文一质。周监二代，郁郁乎文哉。吾从周。"故《书传》《礼记》自孔氏。

孔子语鲁大师："乐其可知也。始作翕如，纵之纯如，皦如，绎如也，以成。""吾自卫反鲁，然后乐正，雅颂各得其所。"

古者《诗》三千余篇，及至孔子，去其重，取可施于礼义，上采契后稷，中述殷周之盛，至幽厉之缺，始于衽席，故曰"《关雎》之乱以为《风》始，《鹿鸣》为《小雅》始，《文王》为《大雅》始，《清庙》为《颂》始"。三百五篇孔子皆弦歌之，以求合《韶》《武》《雅》《颂》之音。礼乐自此可得而述，以备王道，成六艺。

孔子晚而喜《易》，序《彖》《系》《象》《说卦》《文言》。读《易》，韦编三绝。曰："假我数年，若是，我于《易》则彬彬矣。"

孔子以诗书礼乐教，弟子盖三千焉，身通六艺者七十有二人。如颜浊邹之徒，颇受业者甚众。

孔子以四教：文，行，忠，信。绝四：毋意，毋必，毋固，毋我。所慎：齐，战，疾。子罕言利与命与仁。不愤不启，举一隅不以三隅反，则弗复也。

其于乡党，恂恂似不能言者。其于宗庙朝廷，辩辩言，唯谨尔。朝，与上大夫言，訚訚如也；与下大夫言，侃侃如也。

入公门，鞠躬如也；趋进，翼如也。君召使傧，色勃如也。君命召，不俟驾行矣。

鱼馁，肉败，割不正，不食。席不正，不坐。食于有丧者之侧，未尝饱也。

是日哭，则不歌。见齐衰、瞽者，虽童子必变。

"三人行，必得我师。""德之不修，学之不讲，闻义不能徙，不善不能改，是吾忧也。"使人歌，善，则使复之，然后和之。

子不语：怪，力，乱，神。

子贡曰："夫子之文章，可得闻也。夫子言天道与性命，弗可得闻也已。"颜渊喟然叹曰："仰之弥高，钻之弥坚。瞻之在前，忽焉在后。夫子循循然善诱人，博我以文，约我以礼，欲罢不能。既竭我才，如有所立，卓尔。虽欲从之，蔑由也已。"达巷党人曰："大哉孔子，博学而无所成名。"子闻之曰："我何执？执御乎？执射乎？我执御矣。"牢曰："子云'不试，故艺'。"

　　鲁哀公十四年春，狩大野。叔孙氏车子鉏商获兽，以为不祥。仲尼视之，曰："麟也。"取之。曰："河不出图，雒不出书，吾已矣夫！"颜渊死，孔子曰："天丧予！"及西狩见麟，曰："吾道穷矣！"喟然叹曰："莫知我夫！"子贡曰："何为莫知子？"子曰："不怨天，不尤人，下学而上达，知我者其天乎！"

　　"不降其志，不辱其身，伯夷、叔齐乎！"谓"柳下惠、少连降志辱身矣"。谓"虞仲、夷逸隐居放言，行中清，废中权"。"我则异于是，无可无不可。"

　　子曰："弗乎弗乎，君子病没世而名不称焉。吾道不行矣，吾何以自见于后世哉？"乃因史记作《春秋》，上至隐公，下讫哀公十四年，十二公。据鲁，亲周，故殷，运之三代。约其文辞而指博。故吴楚之君自称王，而《春秋》贬之曰"子"；践土之会实召周天子，而《春秋》讳之曰"天王狩于河阳"：推此类以绳当世。贬损之义，后有王者举而开之。《春秋》之义行，则天下乱臣贼子惧焉。

　　孔子在位听讼，文辞有可与人共者，弗独有也。至于为《春秋》，笔则笔，削则削，子夏之徒不能赞一辞。弟子受《春秋》，孔子曰："后世知丘者以《春秋》，而罪丘者亦以《春秋》。"

　　明岁，子路死于卫。孔子病，子贡请见。孔子方负杖逍遥于门，曰："赐，汝来何其晚也？"孔子因叹，歌曰："太山坏乎！梁柱摧乎！哲人萎乎！"因以涕下。谓子贡曰："天下无道久矣，莫能宗予。夏人殡于东阶，周人于西阶，殷人两柱间。昨暮予梦坐奠两柱之间，予始殷人也。"后七日卒。

　　孔子年七十三，以鲁哀公十六年四月己丑卒。

　　哀公诔之曰："旻天不吊，不慭遗一老，俾屏余一人以在位，茕茕余在疚。呜呼哀哉！尼父，毋自律！"子贡曰："君其不没于鲁乎！夫子之言曰：'礼失则昏，名失则愆。失志为昏，失所为愆。'生不能用，死而诔之，非礼也。称'余一人'，非名也。"

　　孔子葬鲁城北泗上，弟子皆服三年。三年心丧毕，相诀而去，则哭，各复尽哀；或复留。唯子贡庐于冢上，凡六年，然后去。弟子及鲁人往从冢而家者百有余室，因命曰孔里。鲁世世相传以岁时奉祠孔子冢，而诸儒亦讲礼乡饮大射于孔子冢。孔子冢大一顷。故所居堂、弟子内，后世因庙，藏孔子衣冠琴车书，至于汉二百余年不绝。高皇帝过鲁，以太牢祠焉。诸侯卿相至，常先谒然后从政。

　　孔子生鲤，字伯鱼。伯鱼年五十，先孔子死。

伯鱼生伋，字子思，年六十二。尝困于宋。子思作《中庸》。

子思生白，字子上，年四十七。子上生求，字子家，年四十五。子家生箕，字子京，年四十六。子京生穿，字子高，年五十一。子高生子慎，年五十七，尝为魏相。

子慎生鲋，年五十七，为陈王涉博士，死于陈下。

鲋弟子襄，年五十七。尝为孝惠皇帝博士，迁为长沙太守。长九尺六寸。

子襄生忠，年五十七。忠生武，武生延年及安国。安国为今皇帝博士，至临淮太守，蚤卒。安国生卬，卬生驩。

太史公曰：《诗》有之："高山仰止，景行行止。"虽不能至，然心向往之。余读孔氏书，想见其为人。适鲁，观仲尼庙堂车服礼器，诸生以时习礼其家，余祗回留之不能去云。天下君王至于贤人众矣，当时则荣，没则已焉。孔子布衣，传十余世，学者宗之。自天子王侯，中国言六艺者折中于夫子，可谓至圣矣！

三、全国部分省市高考真题

全国卷

（2018 年全国卷 1）

补写出下列句子中的空缺部分。（2 分）

《论语·为政》中"＿＿＿＿＿＿，＿＿＿＿＿＿"两句指出，成为教师的条件是温习学过的知识进而又能从中获得新的理解与体会。

（2019 年全国卷 3）

补写出下列句子中的空缺部分。（2 分）

《论语·子罕》中，孔子用"＿＿＿＿＿＿，＿＿＿＿＿＿"两句话阐明，一个普通人，也是有坚定志向的；要改变一个人的志向，是很困难的。

（2020 年全国卷 3）

补写出下列句子中的空缺部分。（2 分）

在《论语·述而》中孔子指出，即使吃粗劣的食物，枕着胳膊睡觉，也可以乐在其中：而"＿＿＿＿＿＿，＿＿＿＿＿＿。"

北京卷

（2015 年）

《论语·侍坐》篇，子路、曾皙、冉有、公西华分别讲述了自己的志向，孔子对子路的话不以为然。篇末是曾皙与孔子师生二人的对话，这一对话存在两种不同的标点，其中一种标点如下。

曰：“夫子何哂由也？”

曰：“为国以礼，其言不让，是故哂之。唯求则非邦也与？安见方六七十，如五六十而非邦也者？唯赤则非邦也与？宗庙会同，非诸侯而何？赤也为之小，孰能为之大？”

另一种标点如下。

曰：“夫子何哂由也？”

曰：“为国以礼，其言不让，是故哂之。”

（　　）“唯求则非邦也与？”

（　　）“安见方六七十，如五六十而非邦也者？”

（　　）“唯赤则非邦也与？”

（　　）“宗庙会同，非诸侯而何？赤也为之小，孰能为之大？”

（1）请在括号内写出本句的说话人。（1分）

（2）不同的标点源于对文本不同的解读，请简要说明第二种解读与第一种的不同之处。有人认为第二种解读优于第一种，你赞成哪一种？请说明理由。（5分）

_____

_____

（2018年）

1.《论语》记录了孔子与弟子间的许多对话，如《先进》篇：

子路问：“闻斯①行诸？”子曰：“有父兄在，如之何其闻斯行之？”

冉有问：“闻斯行诸？”子曰：“闻斯行之。”

公西华曰：“由也问闻斯行诸，子曰‘有父兄在’；求也问闻斯行诸，子曰‘闻斯行之’。赤也惑，敢问。”子曰：“求也退，故进之；由也兼人②，故退之。”

【注释】①斯：就。②兼人：勇于作为。

请简要概述孔子三次回答的内容，并说明此则短文反映了孔子怎样的思想。（共5分）

_____

_____

2. 微写作(10分)

读了《论语》，在孔子的众弟子之中，你喜欢颜回，还是曾参，或者其他哪位？请选择一位，为他写一段评语。要求：符合人物特征。150—200字。

_____

_____

_____

_____

(2019年)

阅读下面《论语》的文字，回答问题。(共5分)

子曰："富与贵，是人之所欲也；不以其道得之，不处①也。贫与贱是人之所恶也；不以其道得之，不去也。君子去仁，恶乎成名？君子无终食之间违仁，造次②必于是，颠沛必于是。"

（《论语·里仁》）

【注释】①处：处在、居处。②造次：仓促之间。

(1)"不以其道得之，不处也。"本句中的"其道"指什么？全段表达了孔子的什么思想？

_____

_____

(2)"不以其道得之，不去也。"杨伯峻《论语译注》认为，"得之"应改为"去之"；也有学者认为，"不以其道得之"的"不"字应删去。请根据以上两种不同解读，分别解释句意。

_____

_____

(2020年)

阅读下面《论语》中的文字，回答问题。(6分)

子曰："我非生而知之者，好古，敏以求之者也。"

（《述而》）

子曰："盖有不知而作之者，我无是也。多闻，择其善者而从之，多见而识之，知之次也。"

（《述而》）

太宰问于子贡曰："夫子圣者与？何其多能也?"子贡曰："固天纵之将圣，又多能也。"

子闻之，曰："太宰知我乎！吾少也贱，故多能鄙事。君子多乎哉？不多也。"

（《子罕》）

(1)请解释"生而知之者"与"不知而作之者"。(2分)

_____

_____

(2)综合以上材料，简述孔子获取知识的途径，并就其中一点谈谈对你的启示。(4分)

_____

_____

浙江卷

（2009 年）

阅读《论语》中的两则文字，然后回答问题。(4分)

子曰："不愤不启，不悱不发。举一隅不以三隅反，则不复也。"

子曰："予欲无言。"子贡曰："子如不言，则小子何述焉?"子曰："天何言哉？四时行焉，百物生焉，天何言哉?"

(1)有不少成语源于《论语》，例如"不愤不启""不悱不发"，请再写一个出自上述语段的成语。(1分)

_____

_____

(2)根据孔子与子贡的对话，概括出一条教学原则，并加以评析。(3分)

_____

_____

（2010 年）

1.《论语》对后人的思想有深刻的影响。请引用《论语》中与下面文字意思

相仿的一句话，然后分析它们所表达的思想。（4分）

"大凡君子与君子以同道为朋，小人与小人以同利为朋，此自然之理也。"

（欧阳修《朋党论》）

_____

_____

2. 补写出下列名篇名句中的空缺部分。（5选3小题）

(1)谨庠序之教，_____，_____。（《孟子》）

……

（2011年）

阅读下面两段文字，完成(1)—(2)题。（5分）

子曰："道之以政，齐之以刑，民免而无耻；道之以德，齐之以礼，有耻且格。"（《论语》）

夫圣人之治国，不恃人之为吾善①也，而用②其不得为非也。恃人之为吾善也，境内不什数③；用人不得为非，一国可使齐。为治者用众而舍寡，故不务德而务法。（《韩非子》）

【注释】①为吾善：自我完善。②用：使。③不什数：不能用十来计算，不用十个。

(1)从上面两段文字中，概括出孔子和韩非子的为政观。（1分）

孔子：_____ 韩非子：_____

(2)对这两种为政观进行简要评析。（4分）

_____

_____

（2012年）

阅读下面文字，完成(1)—(2)题。（5分）

《论语·乡党》："厩焚。子退朝，曰：'伤人乎？'不问马。"

这段文字，据唐人陆德明《经典释文》的句读可以标点为：

"厩焚。子退朝，曰：'伤人乎？''不。'问马。"

(1)分别指出上面两种不同标点的引文中孔子对人、马的态度。（2分）

①_____ ②_____

(2)对照孔子的仁爱观，谈谈你对后一种句读的看法。(3分)

_____

_____

(2013 年)

阅读下面的材料，完成(1)—(2)题。(5分)

子贡曰："贫而无谄，富而无骄，何如?"子曰："可也。未若贫而乐，富而好礼者也。"(《论语·学而》)

子曰："贫而无怨难，富而无骄易。"(《论语·宪问》)

□ □ 箪食瓢饮，不改其乐；子路衣敝缊袍，与衣狐貉者立而不耻；皆所谓不耻 □ □ □ □ 者。(宋·真德秀《西山读书记》)

(1)补出上面材料的空缺部分。(2分)

□ □　□ □ □

(2)根据上面的材料，简析孔子的观点。(3分)

_____

_____

(2014 年)

阅读下面的材料，完成(1)—(2)题。(5分)

孔子曰："益者三友，损者三友。友直，友谅，友多闻，益矣。友便辟，友善柔，友便佞，损矣。"(《论语·季氏》)

子曰："孰谓微生高①直? 或乞醯②焉，乞诸其邻而与之。"(《论语·公冶长》)

【注释】①微生高：春秋时鲁国人。②醯(xī)：醋。

(1)第一则材料主要体现了孔子的_____观。(1分)

(2)孔子为什么说微生高不直? 对孔子这种评价，你怎么看？(4分)

_____

_____

（2015 年）

阅读下面的材料，完成(1)—(2)题。(5 分)

知言者，尽心知性，于凡天下之言，无不有以究极其理，而识其是非得失之所以然也。浩然，盛大流行之貌。气，即所谓体之充者。本自浩然，失养故馁，惟孟子为善养之以复其初也。盖惟知言，则有以明夫道义，而于天下之事无所疑；养气，则有以配夫道义，而于天下事无所惧，此其所以当大任而不动心也。

(1)根据材料可以判断，朱熹这段话是对《孟子》中"我知言，我善养吾_____"一句的注释。(2 分)

(2)从画线句中概括"知言"和"养气"的功能。(3 分)

_____

_____

（2016 年）

阅读下面的材料，完成(1)—(2)题。(5 分)

《墨子·节用》："圣人为政一国，一国可倍也；大之为政天下，天下可倍也。其倍之非外取地也，因其国家，去其无用之费，足以倍之。圣王为政，其发令兴事，使民用财也，无不加用①而为者，是故用财不费，民德②不劳，其兴利多矣。"

【注释】①加用：更有用，更有价值。②德：通"得"。

(1)从这段文字看，"节用"的含义是 □□□□□□ 。(不超过 6 个字)(1 分)

(2)根据选文，理解并概括墨子的"为政"思想。(4 分)

_____

_____

（2017 年）

阅读下面的材料，完成(1)—(2)题。(6 分)

子谓子贡曰："女与回也孰愈？"对曰："赐也何敢望回？回也闻一知十，

赐也闻一知二。"子曰："弗如也；吾与女，弗如也。"(《论语·公冶长》)

子谓颜渊曰："用之则行，舍之则藏，惟我与尔有是夫！"(《论语·述而》)

(1)孔子的弟子各有所长，《论语·先进篇》以德行、言语、政事、文学"四科"区分，其中颜渊属于_____，子贡属于_____。(2分)

(2)一说"吾与女，弗如也"中的"与"为连词，可断为"吾与女弗如也"。根据这样断句，综合上述材料，分析孔子的教育技巧。(4分)

_____
_____

(2018年)

1. 阅读下面的材料，完成(1)—(2)题。(6分)

子曰："甚矣吾衰也！久矣吾不复梦见周公！"(《论语·述而》)

子曰："如有周公之才之美①，使②骄且吝，其余不足观也已！"(《论语·泰伯》)

【注释】①才之美：美好的才华。②使：假使。

(1)第一则材料中"梦见周公"的含义是什么？(2分)

_____
_____

(2)概括第二则材料的主旨，并加以分析。(4分)

_____
_____

2. 默写题：不愤不启，_____。_____，则不复矣。(2分)

(2019年)

阅读下面的材料，完成(1)—(2)题。(6分)

子曰："君子道者三，我无能焉：仁者不忧，知者不惑，勇者不惧。"子贡曰："夫子自道也。"(《论语·宪问》)

尧以不得舜为己忧，舜以不得禹、皋陶为己忧。①(《孟子·滕文公上》)

【注释】①相传尧传天下给舜，舜传天下给禹。

(1)"夫子自道"在句中的意思是_____。子贡认为孔子的"我无能焉"的

说法是_____。(2分)

（2）尧、舜是孔子、孟子推崇的"仁者"，按孔子说法，应该"不忧"；按孟子说法，却又会"忧"。根据材料，简述孔子、孟子这么说的原因。（4分）

_____

_____

参考答案

全国卷

（2018 年全国卷 1）

温故而知新　可以为师矣

（2019 年全国卷 3）

三军可夺帅也　匹夫不可夺志也

（2020 年全国卷 3）

不义而富且贵　于我如浮云

北京卷

（2015 年）

（1）曾皙　孔子　曾皙　孔子

（2）不同之处：

要点一：第一种解读认为在对话中，曾皙一次发问，孔子一次作答；第二种解读认为曾皙三次发问，孔子三次作答。

要点二：第二种解读认为，曾皙与孔子的关注点不同，直到最后二人也没有谈拢。孔子关注的是"为国以礼"，应该谦虚，故对子路的话不以为然；曾皙的志向与其他三人不同，他不想从政（有出世倾向），他的关注点是从政与不从政的差别，他认为孔子既然对子路的从政"哂之"，就应该也对求和赤"哂之"，所以才会有连续的发问。第一种解读没有体现上述内容。

看法及理由：

示例一：赞同第一种解读。理由是，孔子的关注点在于"为国"是否"以礼"、是否谦虚，所以他用一连串的反问句，强调求和赤同样也是为政但是却表现得谦虚，反衬子路不够谦虚。孔子细致地回答了曾皙的提问，循循善诱，诲人不倦。

（2018年）

1.三次回答内容：

孔子说：“父亲和兄长还活着，怎么可以（不先请教他们）听到了就去做呢？

孔子说：“听到了应该立刻就去做。”

孔子说：“冉求畏缩不前，所以我鼓励他进取；仲由好勇过人，所以提醒他退让些。”

短文反映了孔子的教育思想：因材施教。结合对每个学生的特点和其不同的品质，给予不同的教育方法和言语指导。

2.答案略

（2019年）

（1）“其道”是指正当的方法，即仁义之道，它是君子安身立命的基础。他说任何人都希望得到富贵安逸，都厌恶贫穷困顿，但这必须通过正当的手段和途径去获取，无论是富贵还是贫贱，无论是在仓促之间还是颠沛流离之时，都不能违背这个原则，体现孔子坚守信念，不违于仁的思想。

（2）第一种解读：不用正当的方法去摆脱它（贫穷困顿），（君子）就不会去摆脱。第二种解读：如果用正当的方法却处于贫贱之中，就不用去摆脱它（而甘于贫贱）。

（2020年）

（1）“生而知之者”是生来就有知识的人（天生就聪明智慧的人）；“不知而作之者”是自己不懂却凭空造作的人（不知其然而盲目创作的人）。

（2）途径：学习研究古代文化；增广见闻，择善而从；注重实践，掌握多种技艺。

启示：学习孔子，掌握多种技艺，让自己成为优秀的人。

浙江卷

（2009年）

（1）举一反三

（2）教学原则：学生主体原则（答“自主学习原则”亦可），注重身教原则

（答"无言之教"或"教是为了不教"亦可）。

评析：略。

（2010 年）

1. 君子喻于义，小人喻于利。

《论语》告诉我们，君子追求义，小人追逐利。这种思想反映在欧阳修的《朋党论》中，即君子交友与小人交友的本质区别在于对义与利有不同的价值取向。

2. （1）申之以孝悌之义　颁白者不负载于道路矣

（2011 年）

（1）为政以德（或"以德、礼治国"）　以法治国

（2）孔子认为"法治"虽有一定的作用，但也有缺陷，所以要"德治"；韩非子认为能够自我完善的人很少，要管理众人，必须以法治国。两种观点各有侧重，各有偏颇，应该相互补充。

（2012 年）

（1）①贵人贱马　②人、马并重（或"先人后马"）

（2）这种句读体现了后儒对孔子的推崇，但"人马并重"并非孔子的本意。因为孔子的"仁"并非兼爱，他主张在"亲亲"的基础上推己及人。

（2013 年）

（1）颜子　恶衣恶食

（2）①贫穷而不抱怨是困难的，富有而不骄横是容易的，故处贫难，处富易。这是孔子对人之常情的体认。②处于贫穷时不仅要保持气节，更要安贫乐道；处于富有时不仅要不骄横，更要谦逊好礼。

（2014 年）

（1）择友

（2）第一问：醋是小物，有就说有，无就说无，微生高应据实相告。而他却向邻居求讨，以应求者，用意委曲，并非正直之人，因此孔子认为微生高

不直。第二问：孔子的评价是正确的，为人处世要实事求是，要正直。其目的在教诲弟子养成君子品格，于细微事不可不谨。

（2015年）

（1）浩然之气

（2）知言，能明道义，于事无疑。养气，能配道义，于事无惧。

（2016年）

（1）去无用之费

（2）①不赞成通过对外掠夺来增强国力。②合理地节约用度。③珍惜人力物力，减轻百姓负担。

（2017年）

（1）德行　言语

（2）①平等待人。孔子常常以自己与弟子同列，来说明同具某种修养，或同有某种不足，体现出平等待人的教育家风度。②善于勉励。孔子自称与颜回同样具有"用舍行藏"的修养，意在勉励颜回更加精进。孔子对子贡的一番话，意在安慰子贡，并勉励他取法乎上，再加深造。

（2018年）

1.（1）"梦见周公"表明孔子对周代文化的推崇和向往。

（2）①主旨在于说明德、才的关系，孔子强调德重于才。②"周公之才之美"，是极言其才干之优异；"骄""吝"则是恶劣的品质。孔子认为，一个人如果品德不好，即使才华出众也不足称道。

2. 不悱不发　举一隅不以三隅反

（2019年）

（1）先生在说自己　　自谦

（2）①孔子认为有仁德者修为高超，乐天知命，所以面对人生各种不如意境遇时，都能"不忧"。②孟子立足尧、舜帝王身份，认为他们因为没有得到理想的继承者而为天下百姓"忧"。

四、《论语》知识自测题

自测一：《孔子其人·弟子记述》

1.《公冶长 5·26》

颜渊、季路侍。子曰："盍各言尔志。"子路曰："愿车马，衣轻裘，与朋友共，敝之而无憾。"颜渊曰："愿无伐善，无施劳。"子路曰："愿闻子之志。"子曰："老者安之，朋友信之，少者怀之。"

(1)用现代汉语翻译全句(下简称"翻译")＿＿＿＿＿＿＿＿＿＿

＿＿＿＿＿＿＿＿＿＿＿＿＿＿＿＿＿＿＿＿＿＿＿＿＿＿＿＿＿＿

(2)三人述志的侧重点各是：＿＿＿＿＿＿＿＿＿＿＿＿＿

2.《述而 7·4》

子之燕居，申申如也；夭夭如也。

(1)翻译：＿＿＿＿＿＿＿＿＿＿＿＿＿＿＿＿＿＿＿＿

(2)理解：孔子闲居时表现出的是一种什么样的态度？他为何能做到如此？

＿＿＿＿＿＿＿＿＿＿＿＿＿＿＿＿＿＿＿＿＿＿＿＿＿＿＿＿＿＿

＿＿＿＿＿＿＿＿＿＿＿＿＿＿＿＿＿＿＿＿＿＿＿＿＿＿＿＿＿＿

3.《述而 7·38》

子温而厉，威而不猛，恭而安。

(1)翻译：＿＿＿＿＿＿＿＿＿＿＿＿＿＿＿＿＿＿＿＿

(2)理解：以上句子能表现孔子的什么形象特点？你受到什么启发，用一句话表述。

＿＿＿＿＿＿＿＿＿＿＿＿＿＿＿＿＿＿＿＿＿＿＿＿＿＿＿＿＿＿

＿＿＿＿＿＿＿＿＿＿＿＿＿＿＿＿＿＿＿＿＿＿＿＿＿＿＿＿＿＿

4.《子罕 9 · 4》

子绝四——毋意，毋必，毋固，毋我。

(1)翻译：

_____

_____

(2)理解："绝四"是孔子道德修养的一大特点，它们各自指向个人道德修养的哪些方面？

_____

_____

5.《子罕 9 · 11》

颜渊喟然叹曰："仰之弥高，钻之弥坚，瞻之在前，忽焉在后。夫子循循然善诱人，博我以文，约我以礼，欲罢不能，既竭吾才，如有所立卓尔。虽欲从之，未由也已。"

翻译：_____

_____

自测二：《时人评孔子》《天命思想》《等级观念》《孔子之学》

1.《宪问 14 · 38》

子路宿于石门。晨门曰："奚自?"子路曰："自孔氏。"曰："是知其不可而为之者与?"

(1)翻译：_____

_____

(2)理解："知其不可而为之"体现孔子什么精神？

_____

2.《为政 2 · 4》

子曰："吾十有五而志于学，三十而立，四十而不惑，五十而知天命，六十而耳顺，七十而从心所欲，不逾矩。"

(1)翻译：_____

(2)理解：你怎样理解孔子的"随心所欲而不逾矩"？

3.《公冶长 5·28》

子曰："十室之邑，必有忠信如丘者焉，不如丘之好学也。"

(1)翻译：_____

(2)理解：孔子所谓的"好学"包含哪些方面？

4.《述而 7·3》

子曰："德之不修，学之不讲，闻义不能徙，不善不能改，是吾忧也。"

(1)翻译(注意落实句式)：

(2)理解：孔子以"四不"之事为忧，而不是个人处境的穷达顺逆，此点在今天有何现实意义？（表述在 100 字内）

5.《述而 7·22》

子曰："三人行，必有我师焉。择其善者而从之，其不善者而改之。"

(1)翻译：_____

(2)理解：孔子虚心向别人学习的精神十分可贵，但更可贵的是，他不仅要以善者为师，而且以不善者为师，这反映了孔子在道德修养和学习的过程中，_____和_____并重的态度精神。

6.《述而 7·30》

子曰："仁远乎哉？我欲仁，斯仁至矣。"

(1)翻译：_____

（2）理解：此章强调了人修身立德的什么精神？请简要解释。

_____

_____

7.《卫灵公 15·31》

子曰："吾尝终日不食，终夜不寝，以思，无益，不如学也。"

（1）翻译：_____

_____

（2）理解：此章与荀子《劝学》中的哪个观点相同，请写出相关的句子：
"_____，_____。"它们都强调了儒学中_____和_____的关
系。对你的学习有何启发？（50字以内）

_____

_____

_____

自测三：《孔子之教》

1.《为政 2·10》

子曰："视其所以，观其所由，察其所安，人焉廋哉？人焉廋哉？"

（1）翻译：_____

_____

（2）理解：此章是孔子教人观察人的方法，体现了孔子识人的什么原则和
精神？

_____

2.《雍也 6·12》

冉求曰："非不说子之道，力不足也。"子曰："力不足者，中道而废。今
女画。"

（1）翻译：_____

_____

（2）理解：此章是孔子责备冉求学习过程中出现的什么问题？

_____

3.《述而7·7》

子曰："自行束脩以上，吾未尝无诲焉。"

(1)翻译：_____

(2)理解：此章反映了孔子教学思想的哪一方面？请简单阐释其内涵。

_____

_____

4.《述而7·8》

子曰："不愤不启，不悱不发。举一隅不以三隅反，则不复也。"

(1)翻译：_____

_____

(2)理解：此章涉及孔子"_____"的教学思想，简述此种教学方式的
意义和价值及对今天教学的启发。

_____

_____

5.《述而7·34》

子曰："若圣与仁，则吾岂敢？抑为之不厌，诲人不倦，则可谓云尔已
矣。"公西华曰："正唯弟子不能学也。"

(1)翻译：_____

_____

(2)理解：此章都反映了孔子的哪些品德精神？

_____

_____

6.《季氏16·9》

孔子曰："生而知之者，上也；学而知之者，次也；困而学之，又其次
也；困而不学，民斯为下矣。"

(1)翻译：_____

_____

(2)理解：此章反映了孔子对人的天赋资质不同的客观认识，它与"因材
施教"的关系是怎样的？

7.《子张 17·9》

子曰："予欲无言。"子贡曰："子如不言，则小子何述焉？"子曰："天何言哉？四时行焉，百物生焉，天何言哉？"

（1）翻译：＿＿＿＿＿＿＿＿＿＿＿＿＿＿＿＿＿＿＿＿＿＿＿＿＿

（2）理解：此章反映孔子教育思想中的哪一方面？此章内涵与《老子第二章》中的内容有相似之处，请写出《老子第二章》中的相关语句。

＿＿＿＿＿＿＿＿＿＿＿＿＿＿＿＿＿＿＿＿＿＿＿＿＿＿＿＿＿＿＿

＿＿＿＿＿＿＿＿＿＿＿＿＿＿＿＿＿＿＿＿＿＿＿＿＿＿＿＿＿＿＿

自测四：《孔子与道》《仁心悲悯》

1.《里仁 4·8》

子曰："朝闻道，夕死可矣。"

（1）翻译：＿＿＿＿＿＿＿＿＿＿＿＿＿＿＿＿＿＿＿＿＿＿＿＿＿

（2）理解：你怎样看待孔子孔子"闻道"的态度？（认识、实践两方面）

＿＿＿＿＿＿＿＿＿＿＿＿＿＿＿＿＿＿＿＿＿＿＿＿＿＿＿＿＿＿＿

2.《公冶长 5·7》

子曰："道不行，乘桴浮于海，从我者，其由与！"子路闻之喜。子曰："由也好勇过我，无所取材。"

（1）翻译：＿＿＿＿＿＿＿＿＿＿＿＿＿＿＿＿＿＿＿＿＿＿＿＿＿

（2）理解：在众弟子中，孔子很信任子路，所以发出感叹，但当子路因此而沾沾自喜时，孔子却毫不客气地指出了子路的缺点，你怎样看待孔子的做法？

＿＿＿＿＿＿＿＿＿＿＿＿＿＿＿＿＿＿＿＿＿＿＿＿＿＿＿＿＿＿＿

3.《述而 7·5》

子曰："甚矣吾衰也！久矣吾不复梦见周公。"

(1)翻译：_____

(2)理解：从孔子"叹老"中你能看到本章所蕴含的哪些内容？

_____

_____

4.《宪问 14·35》

子曰："莫我知也夫！"子贡曰："何为其莫知子也？"子曰："不怨天，不尤人。下学而上达，知我者其天乎！"

(1)翻译：_____

(2)理解：你对孔子"下学而上达，知我者其天乎！"的理解是：_____

_____

5.《述而 7·27》

子钓而不纲，弋不射宿。

(1)翻译：_____

(2)理解：你认为此章体现了孔子的什么思想和精神？

_____

_____

自测五：《孔子论弟子》

1.《雍也 6·3》

哀公问："弟子孰为好学？"孔子对曰："有颜回者好学，不迁怒，不贰过，不幸短命死矣。今也则亡，未闻好学者也。"

(1)翻译：_____

_____

(2)理解：在孔子对颜回"好学"的评价中，其重在道德情操，"不迁怒，不贰过"体现了颜回怎样的道德品质？

_____

_____

2.《雍也 6·7》

子曰："回也其心三月不违仁，其余则日月至焉而已矣。"

(1)翻译：_____

_____

(2)理解：此章虽是对颜回的赞扬，但能看出孔子对弟子践行仁德的期望

是：_____。

3.《雍也 6·11》

子曰："贤哉回也，一箪食，一瓢饮，在陋巷，人不堪其忧，回也不改其乐。贤哉回也。"

(1)翻译：_____

_____

(2)理解："人不堪其忧""回不改其乐"的对比中，表现了颜回的什么态度和精神？

_____

_____

4.《先进 11·4》

子曰："回也非助我者也，于吾言无所不说。"

(1)翻译：_____

(2)理解："非助我者也"并不是责备，而是赞美颜回的_____

精神。

5.《先进 11·11》

颜渊死，门人欲厚葬之，子曰："不可。"门人厚葬之。子曰："回也视予犹父也，予不得视犹子也。非我也，夫二三子也。"

(1)翻译：_____

_____

(2)理解："予不得视犹子也"的言外之义是什么？能看出孔子的什么态度？

_____

自测六：《孔子论子路》

1.《述而 7·11》

子谓颜渊曰："用之则行，舍之则藏，惟我与尔有是夫！"子路曰："子行三军，则谁与？"子曰："暴虎冯河，死而无悔者，吾不与也。必也临事而惧。好谋而成者也。"

(1)翻译：_____

_____

(2)理解："勇"是孔子道德范畴中的一个德目，但勇不是"蛮干"，而是能够_____，这种人才是智勇兼具，是真正的"勇"。

(3)"用行舍藏"的成语源于此，请解释意思：

_____

2.《子罕 9·27》

子曰："衣敝缊袍，与衣狐貉者立而不耻者，其由也与？'不忮不求，何用不臧？'"子路终身诵之。子曰："是道也，何足以臧？"

(1)翻译：_____

_____

(2)理解：由此章看出孔子对弟子的教育方式有_____，也有_____。孔子不拘一格的教育方式基于他对学生性格的深知，"识人"是孔子"因材施教"的客观基础。

3.《先进 11·15》

子曰："由之瑟奚为于丘之门？"门人不敬子路。子曰："由也升堂矣，未入于室也。"

(1)翻译：_____

_____

(2)理解：成语"登堂入室"即源于此。请解释其意思：

_____

4.《卫灵公 15·2》

在陈绝粮，从者病，莫能兴。子路愠见曰："君子亦有穷乎?"子曰："君子固穷，小人穷斯滥矣。"

(1)翻译：_____

_____

(2)理解：从"君子固穷，小人穷斯滥矣"中能看出小人与君子的什么区别?

_____

_____

5.《阳货 17·23》

子路曰："君子尚勇乎?"子曰："君子义以为上。君子有勇而无义为乱，小人有勇而无义为盗。"

(1)翻译：_____

_____

(2)理解：此章论述的孔子对待"义"和"勇"的关系是：_____

_____

6.《阳货 17·8》

子曰："由也，女闻六言六蔽矣乎?"对曰："未也。""居，吾语女。好仁不好学，其蔽也愚；好知不好学，其蔽也荡；好信不好学，其蔽也贼；好直不好学，其蔽也绞；好勇不好学，其蔽也乱；好刚不好学，其蔽也狂。"

(1)翻译：_____

_____

_____

(2)理解："六言"，即六种品德，只有经由"好学"才可不偏不倚，达至"中庸"之境，可见好学能知"节度"，知"节度"也可以表现为知"_____"。

7.《先进 11·13》

闵子侍侧，訚訚如也；子路，行行如也；冉有、子贡，侃侃如也。子乐。"若由也，不得其死然。"

(1)翻译：_____

_____

(2)理解：此章反映孔子对学生的什么情感？

_____

_____

自测七：《孔子论其他弟子》

1.《公冶长 5·8》

孟武伯问："子路仁乎？"子曰："不知也。"又问。子曰："由也，千乘之国，可使治其赋也，不知其仁也。""求也何如？"子曰："求也，千室之邑，百乘之家，可使为之宰也，不知其仁也。""赤也何如？"子曰："赤也，束带立于朝，可使与宾客言也，不知其仁也。"

(1)翻译：_____

_____

_____

_____

(2)此章中三个"不知其仁也"，其中的"仁"，不是指具体的仁行，而是指"仁"的_____。孔子在给予弟子评价的同时，也表明"仁"的境界是无止境的。

2.《雍也 6·6》

子谓仲弓，曰："犁牛（杂色牛）之子骍（毛色纯赤，周朝以赤为贵）且角（两角周正）。虽欲勿用（用作祭祀），山川其舍诸？"

(1)翻译：_____

_____

(2)理解：孔子认为仲弓虽然出身寒微，而其才德足以用世。由此而知孔子的人才观：人的出身并不是最重要的，重要的在于自己应有高尚的道德和突出的才干；同时也提醒统治者选用人才应该_____，而不应_____。

3.《先进 11·3》

德行：颜渊、闵子骞、冉伯牛、仲弓。言语：宰我、子贡。政事：冉有、季路。文学：子游、子夏。

(1)翻译：_____

_____

(2)理解：本章孔子从德行、言语、政事、文学四个角度评述弟子的特长，史称"_____"；以上弟子合成"_____"，受儒教祭祀。

4.《先进 11·16》

子贡问："师与商①也孰贤？"子曰："师也过，商也不及。"曰："然则师愈与？"子曰："过犹不及。"

【注释】①师：颛孙师，即子张。商：卜商，即子夏。

(1)翻译：_____

_____

(2)理解："过犹不及"的评价，是孔子"_____"思想的体现。

5.《先进 11·17》

季氏富于周公①，而求也为之聚敛②而附益③之。子曰："非吾徒也。小子鸣鼓而攻之可也。"

【注释】①季氏富于周公：季氏比周朝的公侯还要富有。②聚敛：积聚和收集钱财，即搜刮。③益：增加。

(1)翻译：_____

_____

(2)理解：孔子对冉求帮助季氏积敛钱财，搜刮人民，非常生气，这也从一个侧面反映了孔子的"_____"。

6.《先进 11·18》

柴①也愚，参也鲁，师也辟，由也喭。

【注释】①柴：高柴，字子羔，孔子学生，比孔子小 30 岁，公元前 521 年出生。

翻译：_____

7.《先进 11·24》

季子然问："仲由、冉求可谓大臣与？"子曰："吾以子为异之问，曾由与求之问。所谓大臣者，以道事君，不可则止。今由与求也，可谓具臣矣。"曰："然则从之者与?"子曰："弑父与君，亦不从也。"

(1)翻译：_____

(2)理解：何谓"大臣"? 何谓"具臣"? 两者的区别是什么? _____

_____

自测八：《论道德》

1.《里仁 4·15》

子曰："参乎，吾道一以贯之。"曾子曰："唯。"子出，门人问曰："何谓也?"曾子曰："夫子之道，忠恕而已矣。"

(1)翻译：_____

_____

(2)理解：朱熹在《论语集注》里怎样解释"忠恕"? 解释它们与"仁"的关系。

_____

_____

2.《里仁 4·25》

子曰："德不孤，必有邻。"

(1)翻译：_____

(2)理解：《易经》里说："方以类聚，_____""同声相应，_____

___"，而孔子说"德不孤，必有邻"，这些都给予有道者坚定修道的信心，也喻示了道德能够通行的希望。

3.《阳货 17·13》

子曰："乡愿，德之贼也。"

(1)翻译：_____

(2)理解：简述"乡愿"对道德的危害。至少写出《论语》中与此相关或能联类的两章内容。

_____

_____

4.《阳货 17·14》

子曰："道听而涂说，德之弃也。"

(1)翻译：_____

(2)理解：道听途说为何是背离道德的行为？（直陈观点）

_____

_____

_____

自测九：《论仁爱》

1.《里仁 4·1》

子曰："里仁为美，择不处仁，焉得知？"

(1)翻译：_____

(2)理解：每个人的道德修养既是个人自身的事，又必然与所处的外界环境有关。"以仁为邻"是成就"仁德"的_____。所谓"近朱者赤，近墨者黑"。

2.《里仁 4·2》

子曰："不仁者不可以久处约，不可以长处乐。仁者安仁，知者利仁。"

(1)翻译：_____

_____

(2)理解：与不仁者对比，为何"仁者安仁"？

_____

_____

_____。

3.《里仁 4·3》

子曰："唯仁者能好人，能恶人。"

(1)翻译：_____

(2)理解：简要说明为何仁者有"好人""恶人"的能力。

_____

4.《雍也 6·30》

子贡曰："如有博施于民而能济众，何如？可谓仁乎？"子曰："何事于仁？必也圣乎！尧舜其犹病诸。夫仁者，己欲立而立人，己欲达而达人。能近取譬，可谓仁之方也已。"

(1)翻译加点部分：＿＿＿＿＿＿＿＿＿＿＿＿＿＿＿

＿＿＿＿＿＿＿＿＿＿＿＿＿＿＿＿＿＿＿＿＿＿＿＿＿＿＿

＿＿＿＿＿＿＿＿＿＿＿＿＿＿＿＿＿＿＿＿＿＿＿＿＿＿＿

(2)理解：孔子明示子贡求仁之道不必好高骛远，舍近求远，凡事能从自身取比，推己及人就是行仁的方法，"己欲立而立人，己欲达而达人"正是儒家"＿＿＿＿＿＿＿道"的体现。

5.《颜渊 12·1》

颜渊问仁。子曰："克己复礼为仁。一日克己复礼，天下归仁焉。为仁由己，而由人乎哉？"颜渊曰："请问其目。"子曰："非礼勿视，非礼勿听，非礼勿言，非礼勿动。"颜渊曰："回虽不敏，请事斯语矣。"

(1)翻译：＿＿＿＿＿＿＿＿＿＿＿＿＿＿＿＿＿＿＿＿＿

＿＿＿＿＿＿＿＿＿＿＿＿＿＿＿＿＿＿＿＿＿＿＿＿＿＿＿

＿＿＿＿＿＿＿＿＿＿＿＿＿＿＿＿＿＿＿＿＿＿＿＿＿＿＿

＿＿＿＿＿＿＿＿＿＿＿＿＿＿＿＿＿＿＿＿＿＿＿＿＿＿＿

(2)理解：默写克己复礼的具体做法。

＿＿＿＿＿＿＿＿＿＿＿＿＿＿＿＿＿＿＿＿＿＿＿＿＿＿＿

＿＿＿＿＿＿＿＿＿＿＿＿＿＿＿＿＿＿＿＿＿＿＿＿＿＿＿

6.《子路 13·27》

子曰："刚、毅、木、讷近仁。"

(1)翻译：＿＿＿＿＿＿＿＿＿＿＿＿＿＿＿＿＿＿＿＿＿＿

(2)理解：简述刚毅木讷近乎仁的理由。

＿＿＿＿＿＿＿＿＿＿＿＿＿＿＿＿＿＿＿＿＿＿＿＿＿＿＿

＿＿＿＿＿＿＿＿＿＿＿＿＿＿＿＿＿＿＿＿＿＿＿＿＿＿＿

7.《卫灵公 15·9》

子曰："志士仁人，无求生以害仁，有杀身以成仁。"

（1）翻译：_____

_____

（2）理解：孔子的生死观是以仁为最高原则的。"杀身成仁"自古以来激励着仁人志士为国家民族的生死存亡而不惜抛头颅、洒热血，谱写了中华民族的壮丽诗篇。背诵此章。

8.《卫灵公 15·10》

子贡问为仁。子曰："工欲善其事，必先利其器。居是邦也，事其大夫之贤者，友其士之仁者。"

（1）翻译：_____

_____

（2）理解："工欲善其事，必先利其器"，孔子以此作比，说明践行仁德，要从"_____"开始。

9.《卫灵公 15·36》

子曰："当仁，不让于师。"

（1）翻译：_____

（2）理解：此章是孔子鼓励门人弟子要"_____"。虽然儒家重视师生之礼，强调师道尊严，但行仁宜勇，无须谦让。表现了"仁德"至上的原则。

自测十：《论孝友》

1.《学而 1·2》

有子曰："其为人也孝弟，而好犯上者，鲜矣；不好犯上，而好作乱者，未之有也。君子务本，本立而道生。孝弟也者，其为仁之本与？"

（1）翻译：_____

_____

_____

（2）理解：依据本章内容阐述"孝悌"与"仁"的关系。

_____

_____

2.《学而 1·9》

曾子曰：“慎终追远，民德归厚矣。”

(1)翻译：＿＿＿＿＿＿＿＿＿＿＿＿＿＿＿＿＿＿＿＿＿

(2)理解："慎终追远"是孝道的延续，而"孝"是"＿＿＿＿＿＿＿"的基础，统治者自上而下，以身作则，笃行孝亲的仁厚之德，臣民就会成仁孝之风，民风自然归厚。

3.《为政 2·6》

孟武伯问孝，子曰："父母唯其疾之忧。"

(1)翻译加点部分：＿＿＿＿＿＿＿＿＿＿＿＿＿＿＿＿＿

(2)理解：本章对于"其"字指代意义不同，句意就会不同，请写出"其"字的不同指代含义，并写出不同的句意。你认为哪种更合理？简要说明理由。

＿＿＿＿＿＿＿＿＿＿＿＿＿＿＿＿＿＿＿＿＿＿＿＿＿＿＿＿＿

＿＿＿＿＿＿＿＿＿＿＿＿＿＿＿＿＿＿＿＿＿＿＿＿＿＿＿＿＿

＿＿＿＿＿＿＿＿＿＿＿＿＿＿＿＿＿＿＿＿＿＿＿＿＿＿＿＿＿

4.《为政 2·7》

子游问孝，子曰："今之孝者，是谓能养。至于犬马，皆能有养，不敬，何以别乎？"

(1)翻译：＿＿＿＿＿＿＿＿＿＿＿＿＿＿＿＿＿＿＿＿＿＿

＿＿＿＿＿＿＿＿＿＿＿＿＿＿＿＿＿＿＿＿＿＿＿＿＿＿＿＿＿

(2)理解：本章强调对父母的供养，区别于对"犬马"的饲养，关键在与"＿＿＿＿＿＿＿"字。说明孝是发自内心的，而不是流于形式的"口体之养"。

5.《里仁 4·18》

子曰："事父母几①谏，见志不从，又敬不违，劳②而不怨。"

【注释】①几：音 jī，轻微、婉转的意思。②劳：忧愁、烦劳的意思。

(1)翻译：＿＿＿＿＿＿＿＿＿＿＿＿＿＿＿＿＿＿＿＿＿＿

＿＿＿＿＿＿＿＿＿＿＿＿＿＿＿＿＿＿＿＿＿＿＿＿＿＿＿＿＿

(2)理解：本章讲劝谏父母的方式，态度语气要恭敬婉转，以不违反孝敬父母的本心，此点今天仍有积极意义，但对于"又敬不违"则应具体情况具体分析，请加以解释。

6.《里仁 4·21》

子曰："父母之年，不可不知也。一则以喜，一则以惧。"

(1)翻译：_____

(2)理解：此章讲的是秉持"孝道"之人对父母年龄所拥有的自然的心理态度和情感。请谈谈你的理解。

7.《颜渊 12·24》

曾子曰："君子以文会友，以友辅仁。"

(1)翻译：_____

_____

(2)理解：用自己的话概括儒家所倡导的交友的目的。

_____

8.《季氏 16·4》

孔子曰："益者三友，损者三友。友直，友谅①，友多闻，益矣。友便辟②，友善柔③，友便佞④，损矣。"

【注释】①谅：诚信。②便辟：惯于走邪道。③善柔：善于和颜悦色骗人。④便佞：惯于花言巧语。

(1)翻译：_____

(2)理解：分别说明"益者三友"的具体好处。

_____

_____

自测十一：《论君子》

1.《学而 1·8》

子曰："君子，不重则不威；学则不固①。主忠信。无②友不如己者③；过则勿惮改。"

【注释】①学则不固：有两种解释：一是作坚固解，与上句相连，不庄重就没有威严，所学也不坚固；二是作固陋解，喻人见闻少，学了就可以不固陋。②无：通"毋"，"不要"

的意思。③不如己：一般解释为不如自己。另一种解释说，"不如己者，不类乎己，所谓'道不同不相为谋'也"。把"如"解释为"类似"。

(1)翻译(取一种)：＿＿＿＿＿＿＿＿＿＿＿＿＿＿

＿＿＿＿＿＿＿＿＿＿＿＿＿＿＿＿＿＿＿＿＿＿＿＿

(2)理解：对"无友不如己者"你怎样理解？联系《论语》中的相关条目进行解释。

＿＿＿＿＿＿＿＿＿＿＿＿＿＿＿＿＿＿＿＿＿＿＿＿

＿＿＿＿＿＿＿＿＿＿＿＿＿＿＿＿＿＿＿＿＿＿＿＿

2.《为政2·12》

子曰："君子不器。"

(1)翻译：＿＿＿＿＿＿＿＿＿＿＿＿＿＿＿＿＿＿＿

＿＿＿＿＿＿＿＿＿＿＿＿＿＿＿＿＿＿＿＿＿＿＿＿

(2)理解：怎样理解"不器"的内涵？突出了孔子对君子人格中哪一方面的强调？

＿＿＿＿＿＿＿＿＿＿＿＿＿＿＿＿＿＿＿＿＿＿＿＿

＿＿＿＿＿＿＿＿＿＿＿＿＿＿＿＿＿＿＿＿＿＿＿＿

3.《里仁4·10》

子曰："君子之于天下也，无适(dí)也，无莫也，义之与比。"

(1)翻译：＿＿＿＿＿＿＿＿＿＿＿＿＿＿＿＿＿＿＿

＿＿＿＿＿＿＿＿＿＿＿＿＿＿＿＿＿＿＿＿＿＿＿＿

(2)理解：本章说明君子为人处世的原则是"义"，也即＿＿＿＿＿＿＿，为人公正、友善，处世严肃活泼，没有亲疏厚薄。

4.《雍也6·18》

子曰："质胜文则野，文胜质则史。文质彬彬，然后君子。"

(1)翻译：＿＿＿＿＿＿＿＿＿＿＿＿＿＿＿＿＿＿＿

＿＿＿＿＿＿＿＿＿＿＿＿＿＿＿＿＿＿＿＿＿＿＿＿

(2)理解：孔子认为一个人只有内在与外在，＿＿＿＿＿与＿＿＿＿＿配合恰当才能成为君子。

5.《宪问14·42》

子路问君子。子曰："修己以敬。"曰："如斯而已乎？"曰："修己以安人。"

曰："如斯而已乎?"曰："修己以安百姓。修己以安百姓,尧舜其犹病诸?"

(1)翻译:＿＿＿＿＿＿＿＿＿＿＿＿＿＿＿＿＿＿＿＿

＿＿＿＿＿＿＿＿＿＿＿＿＿＿＿＿＿＿＿＿＿＿＿＿＿

(2)理解:"修己以敬""修己以安人""修己以安百姓",体现了修养过程的先后顺序,"修己以敬"是"忠道","修己以安人""修己以安百姓"是"＿＿＿＿＿"。这与修齐治平的道理一致。

6.《卫灵公 15·18》

子曰："君子义以为质,礼以行之,孙以出之,信以成之。君子哉!"

(1)翻译:＿＿＿＿＿＿＿＿＿＿＿＿＿＿＿＿＿＿＿＿

＿＿＿＿＿＿＿＿＿＿＿＿＿＿＿＿＿＿＿＿＿＿＿＿＿

(2)理解:孔子言君子立身处世应以"＿＿＿＿＿"为根本,配合拥有"礼""逊""信"三者的实践去完成。

7.《卫灵公 15·19》

子曰："君子病无能焉,不病人之不己知也。"

翻译:＿＿＿＿＿＿＿＿＿＿＿＿＿＿＿＿＿＿＿＿＿＿

8.《卫灵公 15·20》

子曰："君子疾没世而名不称焉。"

(1)翻译:＿＿＿＿＿＿＿＿＿＿＿＿＿＿＿＿＿＿＿＿

(2)理解:7、8 两则矛盾吗?应该怎样理解?

＿＿＿＿＿＿＿＿＿＿＿＿＿＿＿＿＿＿＿＿＿＿＿＿＿

9.《季氏篇 16·7》

孔子曰："君子有三戒:少之时,血气未定,戒之在色;及其壮也,血气方刚,戒之在斗;及其老也,血气既衰,戒之在得。"

(1)翻译:＿＿＿＿＿＿＿＿＿＿＿＿＿＿＿＿＿＿＿＿

＿＿＿＿＿＿＿＿＿＿＿＿＿＿＿＿＿＿＿＿＿＿＿＿＿

(2)理解:本章是孔子根据人不同年龄阶段的不同生理特点,而给予人修养性情的忠告。人要懂得用理性去调和＿＿＿＿＿＿。"戒"的功夫就是调和的功夫。

10.《子张 19·4》

子夏曰：“虽小道，必有可观者焉，致远恐泥，是以君子不为也。”

(1)翻译：＿＿＿＿＿＿＿＿＿＿＿＿＿＿＿＿＿＿＿

＿＿＿＿＿＿＿＿＿＿＿＿＿＿＿＿＿＿＿＿＿＿＿＿

(2)理解：此章内涵还可用孔子的哪一句话来表述？

＿＿＿＿＿＿＿＿＿＿＿＿＿＿＿＿＿＿＿＿＿＿＿＿

＿＿＿＿＿＿＿＿＿＿＿＿＿＿＿＿＿＿＿＿＿＿＿＿

自测十二：《论君子与小人》

1.《为政 2·14》

子曰：“君子周而不比，小人比而不周。”

(1)翻译：＿＿＿＿＿＿＿＿＿＿＿＿＿＿＿＿＿＿＿

(2)理解：“周”和“比”的本质区别是什么？

＿＿＿＿＿＿＿＿＿＿＿＿＿＿＿＿＿＿＿＿＿＿＿＿

2.《里仁 4·16》

子曰：“君子喻于义，小人喻于利。”

(1)翻译：＿＿＿＿＿＿＿＿＿＿＿＿＿＿＿＿＿＿＿

(2)理解：本章点明了君子与小人＿＿＿＿＿＿观的不同，一重“＿＿＿＿”一重“＿＿＿＿＿＿”。

3.《述而 7·37》

子曰：“君子坦荡荡，小人长戚戚。”

(1)翻译：＿＿＿＿＿＿＿＿＿＿＿＿＿＿＿＿＿＿＿

(2)理解：君子与小人为何会有这样的区别？

＿＿＿＿＿＿＿＿＿＿＿＿＿＿＿＿＿＿＿＿＿＿＿＿

4.《子路 13·23》

子曰：“君子和而不同，小人同而不和。”

(1)翻译：＿＿＿＿＿＿＿＿＿＿＿＿＿＿＿＿＿＿＿

(2)理解：本章在说明君子与小人待人态度之不同。“和”与“同”有何区别？

_____

5.《子路 13·25》

子曰："君子易事而难说也。说之不以道，不说也；及其使人也，器之。小人难事而易说也。说之虽不以道，说也；及其使人也，求备焉。"

(1)翻译：_____

_____

_____

(2)理解：君子与小人的用人之道有何不同？

_____

_____

6.《子路 13·26》

子曰："君子泰而不骄，小人骄而不泰。"

翻译：_____

7.《卫灵公 15·21》

子曰："君子求诸己，小人求诸人。"

(1)翻译：_____

(2)理解：君子与小人的修养境界不同，归根结底在于君子有_____的能力；而小人则习惯于怨天尤人。_____是孔子十分重视的个人修养功夫。

自测十三：《论士》

1.《里仁 4·9》

子曰："士志于道，而耻恶衣恶食者，未足与议也。"

(1)翻译：_____

_____

(2)理解：本章是孔子在勉人注重人生理想的追求，而不要过分在意物质生活的优劣。与"食无求饱，居无求安"一样，都可看成孔门儒学强调_____追求，不重＿＿＿＿＿＿＿＿追求的思想表现。

2.《子路13·20》

子贡问曰："何如斯可谓之士矣?"子曰："行己有耻，使于四方，不辱君命，可谓士矣。"曰："敢问其次。"曰："宗族称孝焉，乡党称弟焉。"曰："敢问其次。"曰："言必信，行必果，硁硁(音坑)然小人哉! 抑亦可以为次矣。"曰："今之从政者何如?"子曰："噫! 斗筲之人，何足算也?"

(1)翻译：＿＿＿＿＿＿＿＿＿＿＿＿＿＿＿＿＿＿＿＿＿＿＿＿＿＿

＿＿＿＿＿＿＿＿＿＿＿＿＿＿＿＿＿＿＿＿＿＿＿＿＿＿＿＿＿＿＿＿＿＿＿

＿＿＿＿＿＿＿＿＿＿＿＿＿＿＿＿＿＿＿＿＿＿＿＿＿＿＿＿＿＿＿＿＿＿＿

＿＿＿＿＿＿＿＿＿＿＿＿＿＿＿＿＿＿＿＿＿＿＿＿＿＿＿＿＿＿＿＿＿＿＿

(2)理解：此章中孔子开示子贡成为士人的条件有哪些层面?

＿＿＿＿＿＿＿＿＿＿＿＿＿＿＿＿＿＿＿＿＿＿＿＿＿＿＿＿＿＿＿＿＿＿＿

＿＿＿＿＿＿＿＿＿＿＿＿＿＿＿＿＿＿＿＿＿＿＿＿＿＿＿＿＿＿＿＿＿＿＿

3.《宪问14·2》

子曰："士而怀居，不足以为士矣。"

(1)翻译：＿＿＿＿＿＿＿＿＿＿＿＿＿＿＿＿＿＿＿＿＿＿＿＿＿＿＿＿

(2)理解：此章说士人不应留恋安逸的家庭生活，而应该志在四方，以

＿＿＿＿＿＿＿＿＿＿＿＿＿＿＿＿＿＿＿为己任。

4.《子张19·1》

子张曰："士见危致命，见得思义，祭思敬，丧思哀，其可已矣。"

(1)翻译：＿＿＿＿＿＿＿＿＿＿＿＿＿＿＿＿＿＿＿＿＿＿＿＿＿＿＿＿

＿＿＿＿＿＿＿＿＿＿＿＿＿＿＿＿＿＿＿＿＿＿＿＿＿＿＿＿＿＿＿＿＿＿＿

(2)理解："见危致命，见得思义"合于"＿＿＿＿＿＿"，"祭思敬，丧思哀"合于

"＿＿＿＿＿＿"；两者都应是士人君子之所为。

5.《泰伯8·7》

曾子曰："士不可以不弘毅，任重而道远。仁以为己任，不亦重乎? 死而后已，不亦远乎?"

(1)翻译：＿＿＿＿＿＿＿＿＿＿＿＿＿＿＿＿＿＿＿＿＿＿＿＿＿＿＿＿

＿＿＿＿＿＿＿＿＿＿＿＿＿＿＿＿＿＿＿＿＿＿＿＿＿＿＿＿＿＿＿＿＿＿＿

(2)理解：士人之"任重"体现为：＿＿＿＿＿＿＿＿＿＿。"道远"体现为：＿＿＿＿＿＿＿＿＿＿＿＿＿＿＿＿＿＿＿＿。

自测十四：《论自省》

1.《学而1·4》

曾子曰："吾日三省吾身。为人谋而不忠乎？与朋友交而不信乎？传不习乎？"

(1)翻译：＿＿＿＿＿＿＿＿＿＿＿＿＿＿＿＿＿＿＿＿＿

＿＿＿＿＿＿＿＿＿＿＿＿＿＿＿＿＿＿＿＿＿＿＿＿＿＿

(2)理解："反省自求"是自我修养的基本方法，它特别强调的是自我修养的＿＿＿＿＿＿性。

2.《里仁4·14》

子曰："不患无位，患所以立；不患莫己知，求为可知也。"

(1)翻译：＿＿＿＿＿＿＿＿＿＿＿＿＿＿＿＿＿＿＿＿＿

＿＿＿＿＿＿＿＿＿＿＿＿＿＿＿＿＿＿＿＿＿＿＿＿＿＿

(2)理解：此章孔子仍在强调要实现个人价值，先要＿＿＿＿＿＿＿

＿＿＿＿＿＿的道理。

3.《里仁4·17》

子曰："见贤思齐焉，见不贤而内自省也。"

(1)翻译：＿＿＿＿＿＿＿＿＿＿＿＿＿＿＿＿＿＿＿＿＿

(2)理解：见贤与不贤，皆可使人学习反省。以人为镜，于贤者，＿＿＿＿＿

＿＿＿＿＿＿；于不贤者，＿＿＿＿＿＿＿，是一种理性审慎的修养态度。

4.《泰伯8·11》

子曰："如有周公之才之美，使骄且吝，其余不足观也已。"

(1)翻译：＿＿＿＿＿＿＿＿＿＿＿＿＿＿＿＿＿＿＿＿＿

＿＿＿＿＿＿＿＿＿＿＿＿＿＿＿＿＿＿＿＿＿＿＿＿＿＿

(2)理解：此章说明了孔子思想中有关"才""德"的什么关系？

＿＿＿＿＿＿＿＿＿＿＿＿＿＿＿＿＿＿＿＿＿＿＿＿＿＿

5.《卫灵公 15·19》

子曰："君子病无能焉，不病人之不己知也。"

(1)翻译：_____

(2)理解：由此章，你可以想到《论语》中哪些相关的章目？（见《释读》之"学习态度"1）

6.《卫灵公 15·30》

子曰："过而不改，是谓过矣。"

(1)翻译：_____

(2)理解：《左传·晋灵公不君》里有言："人谁无过？过而能改，善莫大焉。"自省改过是人提升自我的重要途径；如果有错不改，就谈不上修养了。"不迁怒，_____"，是孔子赞颜回的知错能改的精神。

自测十五：《论远怨》《论好恶》

1.《里仁 4·12》

子曰："放①于利而行，多怨②。"

【注释】①放：音 fǎng，同"仿"，效法，引申为"追求"。②怨：怨恨。

(1)翻译：_____

(2)理解：本章如从"义与利"的关系分析，一个唯利是图的人为何会招致更多的怨恨？

_____

2.《宪问 14·10》

子曰："贫而无怨难，富而无骄易。"

(1)翻译：_____

(2)理解：此章孔子比较处贫富之难易，说明道德操守的坚定程度。身处贫困而能不抱怨，说明_____。

3.《宪问 14·34》

或曰："以德报怨，何如？"子曰："何以报德？以直报怨，以德报德。"

(1)翻译：_____

_____

(2)理解："以德报怨"容易流于姑息，"以怨报怨"容易流于浇薄（社会风气浮薄，民风不敦厚）；孔子主张"以直报怨"，是站在_____的角度来思考，让施怨者受到相当的惩处，以此自警，不再犯错；"以德报德"则是对善良给予肯定和褒扬，使社会环境更趋于和谐友善。从此章可以看出孔子对待"德与怨"的态度是以道德的社会价值和影响力为依据的。

4.《卫灵公 15·15》

子曰："躬自厚而薄责于人，则远怨矣。"

(1)翻译：_____

_____

(2)理解：此章是孔子教人_____，_____的处世之道。

5.《卫灵公 15·28》

子曰："众恶之，必察焉；众好之，必察焉。"

(1)翻译：_____

_____

(2)理解：孔子认为君子判断是非善恶有_____的标准，不会随人俯仰。通过观察和给予人客观公正的判断，是儒家思想不人云亦云、随波逐流的理性精神的体现。

6.《季氏 16·5》

孔子曰："益者三乐，损者三乐。乐节礼乐，乐道人之善，乐多贤友，益矣。乐骄乐，乐佚游，乐晏乐，损矣。"

(1)翻译：_____

_____

(2)理解："益者三乐"都指向_____，"损者三乐"则指向_____。孟子说"生于忧患，死于安乐"，《伶官传序》有言"忧劳可以兴国，逸豫可以亡身"，都蕴含同样的道理。

7.《阳货 17·24》

子贡曰："君子亦有恶乎？"子曰："有恶。恶称人之恶者，恶居下流而讪上者，恶勇而无礼者，恶果敢而窒者。"曰："赐也亦有恶乎?""恶徼以为知者，恶不孙以为勇者，恶讦以为直者。"

(1)翻译：_____

_____

(2)理解：孔子厌恶的人"违礼"而把恶德、失德表现在外的人，而子贡厌恶的是_____的人。

自测十六：《论刚毅》《论富贵》

1.《公冶长5·11》

子曰："吾未见刚者。"或对曰："申枨。"子曰："枨也欲，焉得刚?"

(1)翻译：_____

_____

(2)理解：为何欲望过多就做不到"刚"?

_____

_____

2.《子罕9·26》

子曰："三军①可夺帅也，匹夫②不可夺志也。"

【注释】①三军：12500人为一军，三军包括大国所有的军队。此处言其多。②匹夫：平民百姓，主要指男子。

(1)翻译：_____

(2)理解：匹夫不可夺其志，是因为"志"是人的_____，可以操之在我，这是中国人刚毅人格的形成和确定。

3.《子罕9·28》

子曰："岁寒，然后知松柏之后凋也。"

(1)翻译：_____

(2)理解：孔子认为，人是要有远大志向和_____(品性)的，那他就会像松柏一样，不会随波逐流，而且能够经受各种各样的严峻考验。

4.《里仁 4·5》

子曰："富与贵，是人之所欲也，不以其道得之，不处也；贫与贱，是人之所恶也，不以其道得之，不去也。君子去仁，恶乎成名？君子无终食之间违仁，造次必于是，颠沛必于是。"

(1)翻译：_____

_____

_____

(2)理解：本句中的"其道"指什么？全段表达了孔子的什么思想？

_____

_____

5.《述而 7·12》

子曰："富而可求也；虽执鞭之士，吾亦为之。如不可求，从吾所好。"

(1)翻译：_____

_____

(2)理解：怎样理解孔子所谓的"可求""不可求"？本章阐述了哪两个概念间的关系？

_____

6.《述而 7·16》

子曰："饭疏食饮水，曲肱而枕之，乐亦在其中矣。不义而富且贵，于我如浮云。"

(1)翻译：_____

_____

(2)理解：此章孔子仍在阐述"义与利（富贵）"的关系。孔子之乐是把"_____"放在首位，而把_____放在次位。

7.《述而 7·36》

子曰："奢则不孙，俭则固。与其不孙也，宁固。"

(1)翻译：_____

_____

(2)理解："宁可寒酸，也不越礼"，是孔子针对春秋时代诸侯、大夫生活极为奢侈豪华，其享乐标准和礼仪规制与周天子无别的状况而发的感言，以维护"＿＿＿＿＿＿＿＿"的尊严。

8.《卫灵公 15·32》

子曰："君子谋道不谋食。耕也，馁在其中矣；学也，禄在其中矣。君子忧道不忧贫。"

(1)翻译：＿＿＿＿＿＿＿＿＿＿＿＿＿＿＿＿＿＿＿＿＿＿＿＿＿＿＿＿＿＿＿＿＿＿

＿＿

(2)理解："谋道不谋食""忧道不忧贫"也是在说＿＿＿＿＿＿＿＿＿＿和＿＿＿＿＿＿＿＿＿＿的关系。

提醒：读并思考《论富贵》部分"总释"的四层内容。

自测十七：《论言》

1.《卫灵公 15·23》

子曰："君子不以言举人，不以人废言。"

(1)翻译：＿＿＿＿＿＿＿＿＿＿＿＿＿＿＿＿＿＿＿＿＿＿＿＿＿＿＿

(2)理解：此章反映孔子对待"人"与"言"的＿＿＿＿＿＿＿态度，识人用人要察其言，但更要观其行；同时，也不应因为人品而废弃有价值的言论。要全面地观察，冷静地分析，公正地判断。

2.《学而 1·13》

有子曰："信近于义，言可复也；恭近于礼，远耻辱也；因不失其亲，亦可宗也。"

(1)翻译：＿＿＿＿＿＿＿＿＿＿＿＿＿＿＿＿＿＿＿＿＿＿＿＿＿＿＿

＿＿

(2)理解：此章是有子示人：言行交际当以＿＿＿＿＿＿＿＿＿＿、＿＿＿＿＿＿＿＿＿＿为依归。

3.《子罕 9·24》

子曰："法语之言，能无从乎？改之为贵。巽与之言，能无说乎？绎之为贵。说而不绎，从而不改，吾末如之何也已矣。"

(1)翻译：_____

_____

(2)理解：本章说明了对待两种言语的态度。_____，虽听之逆耳，应听从并改过；_____，虽听之愉悦，但应该推究分析真伪，做到心中有数。

4.《卫灵公 15·24 》

子贡问曰："有一言而可以终身行之者乎?"子曰："其恕乎! 己所不欲，勿施于人。"

(1)翻译：_____

_____

(2)理解："忠恕之道"是儒家处理_____关系的一条准则，和谐人际关系，安定社会秩序，是儒家伦理的一个特色。

5.《学而 1·3》

子曰："巧言令色，鲜矣仁。"

(1)翻译：_____

(2)理解："_____"是"仁"的反面。儒家崇尚质朴，主张说话谨慎，说到做到，言行一致；反对言过其实，华而不实，心口不一。这种踏实质朴的精神成为中华传统思想文化的精华部分。

6.《卫灵公 15·27》

子曰："巧言乱德。小不忍则乱大谋。"

翻译：_____

7.《里仁 4·22》

子曰："古者言之不出，耻躬之不逮也。"

(1)翻译：_____

(2)理解：此章是说古人把言行一致、_____当作自己的行事准则，以不能兑现允诺为耻辱，这是一种道德的自律意识。

8.《里仁 4·24》

子曰："君子欲讷于言而敏于行。"

(1)翻译：_____

(2)理解：着一"欲"字，能说明什么？

_____

9.《宪问 14·20》

子曰："其言之不怍，则为之也难。"

(1)翻译：_____

(2)理解："由言之不怍"到"为之也难"其中的逻辑关系是怎样的？

_____

10.《宪问 14·27》

子曰："君子耻其言而过其行。"

(1)翻译：_____

(2)理解：造成"言过其行"的原因会是什么？

_____

11.《卫灵公 15·6》

子张问行。子曰"言忠信，行笃敬，虽蛮貊之邦，行矣。言不忠信，行不笃敬，虽州里，行乎哉？立则见其参于前也，在舆则见其倚于衡也，夫然后行。"子张书诸绅。

(1)翻译：_____

_____

(2)理解：此章意思是：如能做到"_____""_____"就能通行于天下。

12.《卫灵公 15·17》

子曰："群居终日，言不及义，好行小慧，难矣哉！"

(1)翻译：_____

_____

(2)理解：言不及义，好行小慧，会养成_____的习性；群居终日，习气互相熏染，民风会日趋浇薄，所以孔子感叹，这种人难以教化。

自测十八：《论为政》

1.《子路 13・9》

子适卫，冉有仆。子曰："庶矣哉！"冉有曰："既庶矣，又何加焉？"曰："富之。"曰："既富矣，又何加焉？"曰："教之。"

（1）翻译：_____

_____

（2）理解：孔子教导冉有为政之道在于：庶民、富民、教民。"富民"是养民，而"教民"则是提高百姓的道德修养，让百姓知"_____"以行，从而促进整个社会的和谐发展。

2.《子张 19・19》

孟氏使阳肤为士师①，问于曾子。曾子曰："上失其道，民散久矣。如得其情，则哀矜而勿喜。"

【注释】①士师：典狱官。

（1）翻译：_____

_____

（2）理解：本章是曾子教阳肤要有恤刑爱民之心。_____正是"恕道"的体现，审理犯罪的案件，尤需怀着哀矜怜悯之心，这才是审察狱讼之争应有的态度，这也真正体现了儒家的仁政爱民之心。

3.《子路 13・30》

子曰："以不教民战，是谓弃之。"

（1）翻译：_____

（2）理解：孔子虽然主张"尚文不尚武，尚德不尚力"，但并不讳言兵备。执政者不可轻易用兵，如需用兵作战，尤其是保家卫国的正义之战，必须先_____，以体现仁爱之心。

4.《为政 2・3》

子曰："道之以政，齐之以刑，民免而无耻，道之以德，齐之以礼，有耻且格。"

(1)翻译：_____

_____

(2)理解：孔子阐发以德、礼治国，其效果远胜于_____、_____的道理。

5.《子路 13·6》

子曰："其身正，不令而行；其身不正，虽令不从。"

(1)翻译：_____

_____

(2)理解：孔子主张居上位的人必须_____，才能顺利推行政令。由此可见"修身"对于领导者的重要。

6.《颜渊 12·17》

季康子问政于孔子。孔子对曰："政者，正也。子帅以正，孰敢不正？"

(1)翻译：_____

_____

(2)理解：此章强调为政者_____，修养道德，率先垂范的重要。

7.《颜渊 12·19》

季康子问政于孔子曰："如杀无道，以就有道，何如？"孔子对曰："子为政，焉用杀？子欲善而民善矣。君子之德风，人小之德草，草上之风，必偃。"

(1)翻译：_____

_____

_____

(2)理解：孔子告诉季康子为政不可依恃刑杀，而应以身作则，以_____化民。

8.《子路 13·17》

子夏为莒父宰，问政。子曰："无欲速，无见小利。欲速则不达，见小利则大事不成。"

(1)翻译：_____

_____

（2）理解："欲速则不达"，贯穿着辩证法思想，即对立的两个事物可以互相转化。孔子要求子夏从政不要_____，否则就无法达到目的；不要贪求小利，否则就_____。

9.《为政 2·19》

哀公问曰："何为则民服?"孔子对曰："举直错诸枉，则民服；举枉错诸直，则民不服。"

（1）翻译：_____

_____

（2）理解：此章说明为政重在选用正直之士，强调为政者应该重视选用人才的_____。

10.《子张 19·10》

子夏曰："君子信而后劳其民；未信，则以为厉己也。信而后谏；未信，则以为谤己也。"

（1）翻译：_____

_____

（2）理解：子夏认为君子从政应先_____，这样才能上下贯通，诚敬一心，顺利完成任务，胜任政治工作。

11.《颜渊 12·7》

子贡问政。子曰："足食，足兵，民信之矣。"子贡曰："必不得已而去，于斯三者何先?"曰："去兵。"子贡曰："必不得已而去，于斯二者何先?"曰："去食。自古皆有死，民无信不立。"

（1）翻译：_____

_____

_____

（2）理解：孔子认为治理一个国家应当具备哪三个条件？体现儒家的哪种思想？

_____

_____

12.《泰伯 8·14》

子曰:"不在其位,不谋其政。"

(1)翻译:_____

(2)理解:"不在其位,不谋其政"涉及儒家所谓的"名分"问题。不在其位而谋其政,有僭越之嫌,就被人认为是"_____"之举。孟子也说:"位卑而言高,罪也。"这一思想旨在抑制百姓"犯上作乱",在历史上曾起到过积极作用,但也成为后世对民众不关心政治、安分守礼的心态的诱导。

13.《尧曰 20·2》

子张问孔子曰:"何如斯可以从政矣?"子曰:"尊五美,屏四恶,斯可以从政矣。"子张曰:"何谓五美?"子曰:"君子惠而不费,劳而不怨,欲而不贪,泰而不骄,威而不猛。"子张曰:"何谓惠而不费?"子曰:"因民之所利而利之,斯不亦惠而不费乎?择可劳而劳之,又谁怨?欲仁而得仁,又焉贪?君子无众寡,无大小,无敢慢,斯不亦泰而不骄乎?君子正其衣冠,尊其瞻视,俨然人望而畏之,斯不亦威而不猛乎?"子张曰:"何谓四恶?"子曰:"不教而杀谓之虐;不戒视成谓之暴;慢令致期谓之贼;犹之与人也,出纳之吝谓之有司。"

(1)翻译画线部分:_____

_____

_____

_____

_____

(2)理解:孔子讲了"五美四恶",这是他政治主张的基本点。其中包含有丰富的"_____"思想,比如:"因民之所利而利之","择可劳而劳之",反对"不教而杀""不戒视成"的暴虐之政。这些在今天仍不失其积极的意义。

14.《颜渊 12·9》

哀公问于有若曰:"年饥,用不足,如之何?"有若对曰:"盍彻乎①?"曰:"二②,吾犹不足,如之何其彻也?"对曰:"百姓足,君孰与不足?百姓不足,君孰与足?"

【注释】①盍彻乎:盍,何不。彻,西周奴隶主国家的一种田税制度。旧注曰:"什一而税谓之彻。"②二：抽取十分之二的税。

(1)翻译：＿＿＿＿＿＿＿＿＿＿＿＿＿＿＿＿＿

＿＿＿＿＿＿＿＿＿＿＿＿＿＿＿＿＿＿＿＿＿＿

＿＿＿＿＿＿＿＿＿＿＿＿＿＿＿＿＿＿＿＿＿＿

(2)理解：这一章反映了儒家学派的经济思想，其核心是"＿＿＿＿＿＿"思想，充分体现了民为国本的道理。

15.《子路 13·3》

子路曰："卫君待子为政，子将奚先?"子曰："必也正名乎!"子路曰："有是哉，子之迂也! 奚其正?"子曰："野哉，由也! 君子于其所不知，盖阙如也。名不正则言不顺，言不顺则事不成，事不成则礼乐不兴，礼乐不兴则刑罚不中，刑罚不中，则民无所措手足。故君子名之必可言也，言之必可行也。君子于其言，无所苟而已矣。"

(1)翻译画线部分：＿＿＿＿＿＿＿＿＿＿＿＿＿＿

＿＿＿＿＿＿＿＿＿＿＿＿＿＿＿＿＿＿＿＿＿＿

＿＿＿＿＿＿＿＿＿＿＿＿＿＿＿＿＿＿＿＿＿＿

(2)理解："正名"正是孔子"＿＿＿＿＿＿"的思想的组成部分。正名的具体内容是：＿＿＿＿＿＿＿＿＿＿＿＿＿＿＿＿＿。正名的结果或目的是：

＿＿＿＿＿＿＿＿＿＿＿＿＿＿＿＿＿＿＿＿＿＿

＿＿＿＿＿＿＿＿＿＿＿＿＿＿＿＿＿＿＿＿＿＿

自测十九：《论礼乐》

1.《八佾 3·4》

林放问礼之本。子曰："大哉问! 礼，与其奢也，宁俭；丧，与其易也，宁戚。"

(1)翻译：＿＿＿＿＿＿＿＿＿＿＿＿＿＿＿＿＿＿

＿＿＿＿＿＿＿＿＿＿＿＿＿＿＿＿＿＿＿＿＿＿

(2)理解：孔子答林放问礼的本质在于＿＿＿＿＿＿，不应只注重外在的排场。礼，表现在外是一些仪式器物；蕴藏在内则是＿＿＿＿＿＿，这才是礼之本。

2.《泰伯8·2》

子曰："恭而无礼则劳，慎而无礼则葸，勇而无礼则乱，直而无礼则绞。君子笃于亲，则民兴于仁，故旧不遗，则民不偷。"

(1)翻译：_____

_____

_____

(2)理解：恭、慎、勇、直只有以"_____"来节度，才能合宜适度；君子以身作则厚待亲属、友爱朋友，百姓才能兴起仁爱之风。

3.《阳货17·4》

子之武城，闻弦歌之声。夫子莞尔而笑，曰："割鸡焉用牛刀？"子游对曰："昔者偃也闻诸夫子曰：'君子学道则爱人，小人学道则易使也。'"子曰："二三子！偃之言是也。前言戏之耳。"

(1)翻译：_____

_____

_____

_____

(2)理解：本章记子游能行圣人之道以教民。本章所言"道"，即指孔门的

_____。

4.《阳货17·11》

子曰："礼云礼云，玉帛云乎哉？乐云乐云，钟鼓云乎哉？"

(1)翻译：_____

_____

(2)理解：礼的目的在追求_____，乐的目的在追求_____。礼乐的根本目的是塑造一个恭敬和顺的社会。而不在于玉帛钟鼓等外在工具形式，不能本末倒置。在礼乐教化中，孔子一再强调本与末、质与形的关系。

5.《八佾3·3》

子曰："人而不仁，如礼何？人而不仁，如乐何？"

(1)翻译：_____

_____

（2）理解：此章强调"_____"是礼乐的根本，礼乐是达到"_____"的外在手段和形式。

自测二十：《论为学》《论诗》

1.《宪问 14·24》

子曰："古之学者为己，今之学者为人。"

翻译：_____

2.《卫灵公 15·19》

子曰：君子病无能焉，不病人之不己知也。

（1）翻译：_____

（2）理解：以上两则复习"学习态度"1。

3.《学而 1·6》

子曰："弟子入则孝，出则弟，谨而信，泛爱众，而亲仁，行有余力，则以学文。"

（1）翻译：_____

_____

（2）理解：孝悌是个人一切道德行为的基础，是行仁的开始。孝悌、谨信、爱众、亲仁，都旨在培养学生良好的道德观念和行为，在此基础上尚有余力，则用以学习古代典籍，增长文化知识。这表明，孔子的教育是以____

_____教育为中心，对书本知识的学习，则摆在第二位。

4.《述而 7·6》

子曰："志于道，据于德，依于仁，游于艺。"

（1）翻译：_____

_____

（2）理解：本章是说进德修业有一定的方法和层次。_____，是孔子培养学生的纲领和基本层面，而六艺则是学生修习的基本技能，以利于在实践中涵养心灵，陶冶性情，这样便可使学生得到全面均衡的发展。

5.《泰伯 8·8》

子曰："兴于诗，立于礼，成于乐。"

(1)翻译：_____

_____

(2)理解：本章里孔子提出了他从事教育的三方面内容：诗、礼、乐。诗是性情之作，易于感人，故能兴发_____之心；礼以恭敬逊让为本，故学礼可以_____人的行为；乐可以怡人性情，荡涤邪秽，故能陶冶完美人格。

6.《学而 1·7》

子夏曰："贤贤易色；事父母能竭其力；事君，能致其身；与朋友交，言而有信。虽曰未学，吾必谓之学矣。"

(1)翻译：_____

_____

_____

(2)理解：此章可以看作是对"行有余力，则以学文"的进一步发挥，子夏认为，一个人有没有学问，他的学问的好坏，主要不是看他的_____，而是要看他能不能实行"孝""忠""信"等传统伦理道德。

7.《为政 2·15》

子曰："学而不思则罔，思而不学则殆。"

(1)翻译：_____

_____

(2)理解：孔子主张_____与_____并重。他认为，在学习的过程中，学和思不能偏废。思考的好处在于能对事理_____，举一反三；学习的好处在于能_____，增广见闻。

8.《雍也 6·27》

子曰："君子博学于文，约之以礼，亦可以弗畔矣夫。"

(1)翻译：_____

_____

(2)理解："博学于文"，就是要_____

_____；"约之以礼"，是指君子应将一切言行举止安顿于合宜的规范中，进而躬行实践，达到修身和治人的目的。

9. 《卫灵公 15 · 3》

子曰："赐也！女以予为多学而识之者与？"对曰："然，非与？"曰："非也。予一以贯之。"

(1)翻译：＿＿＿＿＿＿＿＿＿＿＿＿＿＿＿＿＿＿＿＿＿＿＿＿＿＿＿＿＿

＿＿＿＿＿＿＿＿＿＿＿＿＿＿＿＿＿＿＿＿＿＿＿＿＿＿＿＿＿＿＿＿＿＿＿

(2)理解："一以贯之"的说法对你的治学有何启发？

＿＿＿＿＿＿＿＿＿＿＿＿＿＿＿＿＿＿＿＿＿＿＿＿＿＿＿＿＿＿＿＿＿＿＿

10. 《子张 19 · 6》

子夏曰："博学而笃志，切问而近思，仁在其中矣。"

(1)翻译：＿＿＿＿＿＿＿＿＿＿＿＿＿＿＿＿＿＿＿＿＿＿＿＿＿＿＿＿＿

＿＿＿＿＿＿＿＿＿＿＿＿＿＿＿＿＿＿＿＿＿＿＿＿＿＿＿＿＿＿＿＿＿＿＿

(2)理解：此章是孔子"＿＿＿＿＿＿＿"思想的继承。

11. 《学而 1 · 1》

子曰："学而时习之，不亦说乎？有朋自远方来，不亦乐乎？人不知，而不愠，不亦君子乎？"

(1)翻译：＿＿＿＿＿＿＿＿＿＿＿＿＿＿＿＿＿＿＿＿＿＿＿＿＿＿＿＿＿

＿＿＿＿＿＿＿＿＿＿＿＿＿＿＿＿＿＿＿＿＿＿＿＿＿＿＿＿＿＿＿＿＿＿＿

(2)理解：回读"释读"部分。

12. 《学而 1 · 14》

子曰："君子食无求饱，居无求安，敏于事而慎于言，就有道而正焉，可谓好学也已。"

(1)翻译：＿＿＿＿＿＿＿＿＿＿＿＿＿＿＿＿＿＿＿＿＿＿＿＿＿＿＿＿＿

＿＿＿＿＿＿＿＿＿＿＿＿＿＿＿＿＿＿＿＿＿＿＿＿＿＿＿＿＿＿＿＿＿＿＿

(2)理解：本章重点提到对于君子的道德要求。作为君子应该克制＿＿＿＿＿＿＿欲望，把注意力放在提升＿＿＿＿＿＿＿＿方面；涉及儒家对"物质与精神"关系的态度和认识。

13. 《雍也 6 · 20 》

子曰："知之者不如好之者，好之者不如乐之者。"

(1)翻译：＿＿＿＿＿＿＿＿＿＿＿＿＿＿＿＿＿＿＿＿＿＿＿＿＿＿＿＿＿

(2)理解：知道止于了解，喜爱升至兴趣，以之为乐则是_____。也只有将一项事业或学习当成生命中的快乐去从事，才会有最大的收获。

14.《雍也6·23》

子曰："知者乐水，仁者乐山；知者动，仁者静；知者乐，仁者寿。"

(1)翻译：_____

_____

(2)理解：对这句话，朱熹的解释是：_____

_____

15.《子罕9·19》

子曰："譬如为山，未成一篑，止，吾止也；譬如平地，虽覆一篑，进，吾往也。

(1)翻译：_____

_____

(2)理解：孔子在这里用堆土成山这一比喻，说明_____和_____的深刻道理，他鼓励自己和学生们无论在学问和道德上，都应该是坚持不懈，自觉自愿。

16.《子罕9·22》

子曰："苗而不秀者有矣夫；秀而不实者有矣夫！"

(1)翻译：_____

_____

(2)理解：此章是孔子感叹_____者。孔子以庄稼的生长、开花到结果来比喻一个人从求学到出仕的过程。

17.《子罕9·31》

"唐棣之华，偏其反而。岂不尔思，室是远而。"子曰："未之思也，夫何远之有？"

(1)翻译：_____

_____

(2)理解：钱穆在《论语新解》中解说此章妙在何处？_____

_____

_____

18.《子路 13·5》

子曰："诵诗三百，授之以政，不达；使于四方，不能专对。虽多，亦奚以为?"

(1)翻译：_____

_____

(2)理解：孔子指出诵《诗》的目的在_____。《诗》，也是孔子教授学生的主要内容之一。他教学生诵《诗》，不单纯是为了诵《诗》，而为了把《诗》的思想运用到指导政治活动之中。

19.《阳货 17·9》

子曰："小子何莫学夫《诗》。《诗》，可以兴，可以观，可以群，可以怨。迩之事父，远之事君；多识于鸟兽草木之名。"

(1)翻译：_____

_____

(2)理解：孔子示弟子学《诗》的多方面的功用。学《诗》可增长见闻，学会怎样事父事君，以尽忠尽孝；还可"兴、观、群、怨"，此四者，除了"兴"是激发个人情感外，后三者都是讲学《诗》而得的_____的能力。

参考答案

自测一：《孔子其人·弟子记述》

1.(1)翻译略

(2)三人述志的侧重点不同：子路偏重朋友的友情；颜渊扩大到为他人服务的层面，而且具有谦和的态度，但依然局限在自我的修养上；孔子流露出的是让所有人各得其所的仁者怀抱，显示出其推己及人的仁者胸怀。

2.(1)翻译略

(2)孔子闲居时显示出的是心安理得的坦荡胸怀、温和愉快的心情态度。

孔子所忧并非个人的利禄穷通，而是德业的进修，仁政的施行。他虽心忧天下，但始终有自己的坚定信念，所以能达观快乐。

3.(1)翻译略

(2)刚柔适中、温和舒泰的形象特点。　　启发示例：孔子的这种形象特点是其中庸之德的外在表现；诚于中而形于外。

4.(1)翻译略

(2)道德修养的方面：客观、理性、灵活、谦逊。

5. 翻译略

自测二：《时人评孔子》《天命思想》《等级观念》《孔子之学》

1.(1)翻译略

(2)体现孔子对于真理的追求不弃不舍、孜孜以求的执着精神。

2.(1)翻译略

(2)因为孔子的一生都在致力于道德的修炼、周礼的回复。其孜孜以求的一生正是其不断学习修养以使其道德臻于中庸至境的过程，其实随心所欲不逾矩，正是达到这一境界的自证。

3.(1)翻译略

(2)好学之"好"于孔子体现为"发愤忘食、乐以忘忧，孜孜以求，惟日不足"；此种心态也是孔子所谓的"一以贯之"的仁；其仁不仅贯穿于学与思，更体现于言与行。　　好学之"学"的内涵包括：学问、道德、才能、社会实践等。

4.(1)翻译略

(2)示例：孔子之忧在修炼道德、讲习学问、践行道义、改正过错，这些都是自身道德修养的方面。孔子由忧而发愤，躬行实践，以达至人格的完善、道德的圆满，最终达成经时济世的目的，实现人生价值；孔子的人生观侧重精神而非物质，这给在物欲中不断追逐的今人以警示，精神的追求才是幸福快乐的源泉。

5.(1)翻译略

(2)学习 反思(自省)

6.(1)翻译略

(2)"仁"是人与生俱来的本性，所以要为仁就要靠自身的努力，使"仁"的本性充分显露，而不是靠外界的力量，这是道德自觉的力量。

7.(1)翻译略

(2)吾尝终日而思矣 不如须臾之所学也 学 思 可围绕学与思的关系，比方"学思并重"。

自测三：《孔子之教》

1.(1)翻译略

(2)以观察为基础的客观的认识论原则，或由外而内、由言行到内心的全面识人原则。

2.(1)翻译略

(2)是批评冉求在学习过程中出现的自限不前的问题。孔子批评冉求意志不够坚定，没有恒心毅力，就等于画地自限，不想再前进了。

3.(1)翻译略

(2)有教无类。只要是有心向学者，不管礼物多少，孔子就施以教诲，不论贫富等级，这就是有教无类的表现。

4.(1)翻译略

(2)启发式 略

5.(1)翻译略

(2)自谦，不敢当圣贤之名，认为自己只不过是(向圣人的方向)努力而不厌烦地学习和教诲而已。 好学，为而不厌，诲人不倦。 身教，以自身的言行和好学精神教育启发学生。

6.(1)翻译略

(2)承认人的天赋不同是知人,它是孔子因材施教的客观(认识或理论)基础。

7.(1)翻译略

(2)身教重于言教,如天理流行,不待言而昭著。 《老子》第二章中相关语句:是以圣人处无为之事,行不言之教,万物作焉而不为始。

自测四:《孔子与道》《仁心悲悯》

1.(1)翻译略

(2)孔子对于道的追求有向往之心、至诚之心,孔子又用自己的一生去追求、践行其道。

2.(1)翻译略

(2)孔子善于因材施教、就事施教,一方面他能准确地认识子路的优点,并及时鼓励;同时,一旦他发现自己的鼓励没有起到正面的作用,就马上加以纠正,让子路认识到自己的缺点,进而起到修正和完善人格的作用。

3.(1)翻译略

(2)对生命的将逝的慨叹;对理想难以实现的失望。这句话也是孔子一生以周公为榜样,以恢复周礼为使命的高度概括。

4.(1)翻译略

(2)孔子慨叹自己下学礼乐而上达天命、孜孜以行的人生使命,不被世人理解。表现了圣人的孤独。

5.(1)翻译略

(2)对自然的仁爱之心,不偏执不贪婪的智慧。

自测五:《孔子论弟子》

1.(1)翻译略

(2)"不迁怒"是克制的功夫,"不贰过"是反思改过的结果。孔子对颜回好学,给予的"二不"评价,是对颜回冷静、理性,并能时时反思改过、不断提升自我修养的高度称赞,也体现了颜回很高的道德品质和修养境界。

2.(1)翻译略

（2）孔子对弟子践行仁德的期望是：贯穿于自己的言行，长期实践，成为终身以行的行为准则，最终内化为自己的道德品性，提高人生的境界。

3.（1）翻译略

（2）颜回在贫困中有对道德的坚守，体现其能安贫乐道的精神操守。

4.（1）翻译略

（2）谦虚好学

5.（1）翻译略

（2）不能像对待自己的亲生儿子那样，按照礼的要求对颜回予以安葬，表现了孔子的遗憾；即使是对自己最爱的学生也不感情用事，仍有对礼的固守，可见孔子对礼的重视。

自测六：《孔子论子路》

1.（1）翻译略

（2）临事而惧（谨慎戒惧）

（3）用行舍藏：形容一个人的处世态度，当为世所用时，就积极努力地去做；当不为世所用时，就退而隐居起来。

2.（1）翻译略

（2）鼓励　批评

3.（1）翻译略

（2）解释：堂、室：古代宫室，前面是堂，后面是室。登上厅堂，进入内室。比喻学问或技能从浅到深，达到很高的水平。（此章表现孔子对子路的呵护。针对门人对子路的不敬，孔子客观评价子路的水平境界，是对子路的保护，也是让学生纠正错误、完善人格的一种手段。）

4.（1）翻译略

（2）君子无论身处何种境地，都有坚定的道德操守，而小人则因为没有内在的操守而放纵自己，所以从此可看出君子与小人的区别是有无道德操守和对道德的坚守程度。

5.（1）翻译略

（2）"义"为先，"勇"为后；没有"义"的"勇"只能沦为道德的下流。

6.（1）翻译略

（2）礼

7.(1)翻译略

(2)一方面为自己的学生各有所长而高兴,一方面又表现出对子路的担心,唯恐他不会有好结果。

自测七:《孔子论其他弟子》

1.(1)翻译略

(2)最高境界(中庸)

2.(1)翻译略

(2)唯贤是举　只看出身或任人唯亲

3.(1)翻译略

(2)孔门四科　孔门十哲

4.(1)翻译略

(2)中庸

5.(1)翻译略

(2)民本思想

6.翻译略

7.(1)翻译略

(2)大臣是能够用周公之道的要求来事奉君主的,如果这样行不通,他宁可辞职不干;具臣只是充数的臣子罢了。由此可见孔子对待君臣关系,是以道和礼为准绳的。此处,孔子用"以道事君"的原则,告诫冉求和子路应该用周公之道去规劝季氏,不要犯上作乱;如果季氏干杀父弑君的事,冉求和子路就应该反对,否则就只能是具臣了。

自测八:《论道德》

1.(1)翻译略

(2)朱熹在《论语集注》中对"忠恕"的解释:尽己之谓忠,推己之谓恕。"仁"可是具体的善行,也可是至高之德,而忠恕是通向仁道最基本可行的门径。

2.(1)翻译略

(2)物以群分　同气相求

3.(1)翻译略

（2）自身言行不一，不诚不敬，德之亏也；同乎流俗，合于污世，是非不分，善恶不明，因此善不能得到褒扬，恶不能得到惩戒，公理正义难以维持，最终败坏社会道德。　举例一：子贡问曰："乡人皆好之，何如？"子曰："未可也。""乡人皆恶之，何如？"子曰："未可也。不如乡人之善者好之，其不善者恶之。"（《子路 13·24》）举例二：众恶之，必察焉；众好之，必察焉。（《卫灵公 15·28》）

4.（1）翻译略

（2）因为道听途说是随意听信或传播无根之言，是罔顾事实真相不加分析辨别的不负责任的言行，与孔子提倡的阙疑（对疑惑不解的东西不妄加评论，把疑问保留下来，不作臆断）慎言的行事准则相违背。

自测九：《论仁爱》

1.（1）翻译略

（2）外在条件

2.（1）翻译略

（2）不仁者是内心缺少仁德或缺少坚守仁德的信念，而仁者有较强的道德观念并能在任何环境条件下坚守道德，不因环境的不同而失其本心，易其所守。

3.（1）翻译略

（2）因为仁者有基于"仁德"的识人标准，他们的爱憎是公正的，不是基于一己之私谋私利；因此，他们所爱之人一定有道德的优长处，他们所恶之人一定有道德的亏缺处，由此可见仁心是进行道德判断的前提。

4.（1）翻译略

（2）（推己及人的）恕

5.（1）翻译略

（2）略

6.（1）翻译略

（2）"刚"者无欲，所以不自私，近乎"仁"；"毅"者，果断坚定，能不屈不挠勇往直前，为人谋福利，近乎"仁"。刚毅者绝无"令色"，木讷者不"巧言"，不会弄虚作假而与本心大相违背，所以近乎"仁"。（刚则无欲，毅则果敢坚忍，木则率真笃实，讷则真诚力行，具有这四种气质的人，能渐自完成最高的人格。)

7.(1)翻译略

(2)背诵略

8.(1)翻译略

(2)事贤友仁

9.(1)翻译略

(2)勇于行仁

自测十:《论孝友》

1.(1)翻译略

(2)①孝是仁的根本。人们在家中对父母尽孝,对兄长顺服,在外就可以对国家尽忠。忠以孝悌为前提。②在家中施行孝悌,统治者内部就不会犯上作乱,再推广到民众中去,民众也会做到绝对服从,以此便可以维护社会安定。③孔子正是看到了"孝悌"与社会安定的直接关系,所以其有关"仁"的思想主张都是以此为出发点的。

2.(1)翻译略

(2)忠

3.(1)翻译略

(2)①其指代子女。父母爱自己的子女,无所不至,唯恐其有疾病;子女能够体会到父母的这种心情,在日常生活中就要格外小心,避免疾病或受伤,这就是孝。②其,指代父母,子女只需要为父母的疾病而担忧,其他方面就不必过多地担忧了。

4.(1)翻译略

(2)敬

5.(1)翻译略

(2)子女在任何情况下都不应违背孝敬父母的本心,但对父母的依顺也要合宜适度,当父母的行为逾越了道义和法律时,就应秉持良心和正义,义正辞严加以劝止。

6.(1)翻译略

(2)略

7.(1)翻译略

(2)结交朋友就是要相互规过劝善，砥砺切磋，以实践仁德。

8.(1)翻译略

(2)结交正直的朋友，可相互忠告责善，笃守正道；结交诚信的朋友，则肝胆相照，可托重任；结交博学多闻的朋友，可以辅仁游艺，研习学问。

自测十一：《论君子》

1.(1)翻译略

(2)"无友不如己者"可以解释为不交不如自己的朋友，意指人各有所长，交友就要看到并学习对方的长处和优点。在《论语》中还有"见贤思齐""以友辅仁""三人行，必有我师"等说法，都是在强调学习修养的过程，就是时时处处以贤者为友，向别人学习，砥砺自我，不断提高道德的过程，所以交友就要善于发现别人的长处，不滥交无益之友。

2.(1)翻译略

(2)"不器"是指君子不像某种器物，只局限于有某种固定的用途，不只具有一技之长，而能贯通万事万物的共同道理。君子不器强调的是作为君子要有全方位的德才，不光有才更要有德。

3.(1)翻译略

(2)"宜"(怎样做合适就怎样做，合宜适度)

4.(1)翻译略

(2)朴实　文采

5.(1)翻译略

(2)恕道

6.(1)翻译略

(2)义

7.翻译略

8.(1)翻译略

(2)不矛盾。两则是从不同的角度强调个人道德修养的重要性。第7则是从追求的目的来说，孔子认为修身养德是为了充实提高自己，而不是为了称名于世，有了才能道德自然被人称颂；第8则则是从个人实现的角度讲，如果一个人到了去世的时候还没有修养到为人称颂的程度，就应该为此而担忧了，是提醒人们站在人生的尽头反观自己一生的道德修为。两则角度不同，但核心思想相同。

9.(1)翻译略

(2)天性

10.(1)翻译略

(2)君子不器

自测十二：《论君子与小人》

1.(1)翻译略

(2)"周"是不以私利当前，顾全大局，一视同仁，和谐相处；"比"是以私利为目的，结党以营私。

2.(1)翻译略

(2)(人生)价值观　义　利

3.(1)翻译略

(2)君子坦荡荡，是指君子不为个人私利而忧，胸怀常坦荡；但君子并非无忧，他们忧德之不修，惧天理不明，忧惧的结果是更加努力修为，让心地更加清明，俯仰无愧于天地，心胸更加宽广。　　小人长戚戚，是指小人为追求私利而患得患失，不得而苦，既得惧失，所以忧戚不安，更甚者通过不当手段满足私欲，就更怕良心谴责、法理不容、仇人报复等，哪里还有心安的时候。

4.(1)翻译略

(2)君子之"和"是指与人交往时，既敢于表述自己的意见，也能协调大家的意见，所以能使大家和睦相处；小人之"同"是指没有原则地一味附和、奉承讨好别人，又或极力维护自己，凸显自己，不能与人和睦相处，只会在团体中制造党同伐异的纷争。

5.(1)翻译略

(2)①在处理上下级的关系上：君子不会为下级不按正道(花言巧语)的讨好而生欢喜有私情偏袒；小人则相反，下级用不正道的谄媚就能取得他们的欢心，规矩做事反而得不到他们的赞赏。②用人上：君子能量才而用，使人尽其才；小人则依据私情的远近而确定人才的使用，或蒙混，或苛责，或求全。

6. 翻译略

7.(1)翻译略

(2)自我反省 自我反省

自测十三：《论士》

1.(1)翻译略

(2)精神的(仁德的) 物质

2.(1)翻译略

(2)士是周代社会贵族的最底层，孔子对子贡的开示由高到低有三个层面：①"行己有耻"，是在道德上有所不为；"使于四方，不辱使命"，是在能力上应有所为，斯为德才兼备的士。②能被宗族乡党称"孝悌"，或许才不足，但德有余，仍有道德的影响力，斯为有德之士。③言必信，行必果，虽然固执己见，气量有限，也可算最次一等的士了。

3.(1)翻译略

(2)天下国家

4.(1)翻译略

(2)义 礼

5.(1)翻译略

(2)把行仁义作为自己的理想担当 终身行之(仁)死而后已

自测十四：《论自省》

1.(1)翻译略

(2)自觉

2.(1)翻译略

(2)提升自己的道德、学问、修养

3.(1)翻译略

(2)取人之长，补己之短 以其过失为鉴，不重蹈覆辙

4.(1)翻译略

(2)人应该德才兼美，才会造福天下。有德而无才，不会危害社会；有才而无德，无益于大众，甚至会危害社会，其才能自然也就不值得一提了。

5.(1)翻译略

(2)不患人之不己知，患不知人也。(《论语·学而》第16则)

不患人之不己知，患其不能也。(《论语·宪问》第30则)

君子病无能焉，不病人之不己知也。(《论语·卫灵公》第1则)

6.(1)翻译略

(2)不贰过

自测十五：《论远怨》《论好恶》

1.(1)翻译略

(2)一个唯利是图的人，往往向利而负义，这种人只知自私自利，不在意道德，不会顾及别人，必然会招致大家的怨恨和指责。

2.(1)翻译略

(2)人有坚定的道德操守(能够在任何环境条件下坚守正道)

3.(1)翻译略

(2)道德影响力

4.(1)翻译略

(2)严于律己，宽以待人

5.(1)翻译略

(2)公正客观

6.(1)翻译略

(2)道德修养　感官享乐

7.(1)翻译略

(2)把恶德当作善德的人(此种人具有更大的隐蔽性)

自测十六：《论刚毅》《论富贵》

1.(1)翻译略

(2)"刚"者无私欲，所以不自私，不会受私欲驱使去做违礼之事，所谓"刚者不移"；欲望炽盛的人就容易受欲望的诱惑而逾越礼制，因此就做不到"刚"。

2.(1)翻译略

(2)内在心态

3.(1)翻译略

(2)坚毅

4.(1)翻译略

(2)"其道"指仁或仁道。全段表达了君子在任何情况下都不应该离开仁的思想。

5.(1)翻译略

(2)所谓"可求"是指不违道(或依道)而行得到的富贵,是可以追求的;否则就不可求。　本章阐述了"富贵"与"道德"的关系。

6.(1)翻译略

(2)对义的追求　对利的追求

7.(1)翻译略

(2)礼

8.(1)翻译略

(2)求道(精神追求)　求物质财富(物质追求)

自测十七:《论言》

1.(1)翻译略

(2)全面客观理性

2.(1)翻译略

(2)礼　义

3.(1)翻译略

(2)法语之言　巽与之言

4.(1)翻译略

(2)人己

5.(1)翻译略

(2)花言巧语

6.翻译略

7.(1)翻译略

(2)行在言前(一诺千金)

8.(1)翻译略

(2)以"欲"字说明讷于言而敏于行的困难,以见君子时时以此自惕。

9.(1)翻译略

(2)言之不祚表明轻许诺，轻许诺是因为不把做事当回事，不用心思在做事上，自然做起来就困难了。

10.(1)翻译略

(2)话说得过了头，而行为上却做不到，或因为好大喜功或是心存欺骗，两者都是进德修业的大忌。

11.(1)翻译略

(2)忠信(忠诚而信实)　笃敬(笃实而恭谨)

12.(1)翻译略

(2)投机取巧

自测十八：《论为政》

1.(1)翻译略

(2)礼

2.(1)翻译略

(2)得情而矜

3.(1)翻译略

(2)教育和训练百姓

4.(1)翻译略

(2)政　刑

5.(1)翻译略

(2)立身端正

6.(1)翻译略

(2)必先正己

7.(1)翻译略

(2)仁德

8.(1)翻译略

(2)急功近利(急于事功)　做不成大事

9.(1)翻译略

(2)道德品性

10.(1)翻译略

(2)取信人民和上司

11.（1）翻译略

（2）食、兵、信。先要保证有充足的的粮食，粮食是百姓生存之本；还要有一定的军事实力来保护百姓；统治者要取得百姓的信任。三者中，信任最重要，因为没有百姓的信任，也就没有国家的存在。此点体现儒家的人本民心思想。

12.（1）翻译略

（2）违礼

13.（1）翻译略

（2）民本

14.（1）翻译略

（2）富民

15.（1）翻译略

（2）礼　君君，臣臣，父父，子子　利于治政，使人民生活安定。

自测十九：《论礼乐》

1.（1）翻译略

（2）恭敬　恭敬诚笃

2.（1）翻译略

（2）礼

3.（1）翻译略

（2）礼乐教化之道

4.（1）翻译略

（2）秩序　和谐

5.（1）翻译略

（2）仁　仁

自测二十：《论为学》《论诗》

1.翻译略

2.（1）翻译略

（2）理解略

3.（1）翻译略

(2)道德

4.(1)翻译略

(2)道德仁义

5.(1)翻译略

(2)好善去恶　端正

6.(1)翻译略

(2)文化知识

7.(1)翻译略

(2)学　思　融会贯通　汲取前人智慧

8.(1)翻译略

(2)广博地学习先王留下来的六艺之文、典章制度(在浩瀚的学海中汲取一切宝贵的文化经验)

9.(1)翻译略

(2)略

10.(1)翻译略

(2)学思并重

11.(1)翻译略

(2)略

12.(1)翻译略

(2)追求物质享受　自己的道德品质

13.(1)翻译略

(2)心灵(精神)的愉悦

14.(1)翻译略

(2)"智者达于事理而周流不滞,有似于水,故乐水。仁者安于义理而厚重不迁,有似于山,故乐山。"智者因为明达事理、思维敏捷、知识渊博而通透无滞,与水的特质相似,故乐水而好动;仁者因为稳重敦厚,豁达明理而没有忧虑,跟山的特质相似,故乐山而好静。水奔腾不止,恰好对应着智者不断进取的精神;山静穆稳重,又正好象征了仁者沉稳刚毅的品质。孔子从自然取譬,把山水的自然特征与人的高尚品德紧密联系,用自然之美来感染人教化人。

15.(1)翻译略

(2)主观努力　持之以恒

16.(1)翻译略

(2)学而无成

17.(1)翻译略

(2)此章言好学，言求道，言思贤，言爱人，无指不可……孔子说此诗，可谓深而切，远而近矣。"仁远乎哉?""道不远人""思则得之"皆是也！此章罕譬而喻，神思绵邈，引人入胜。

18.(1)翻译略

(2)经世致用

19.(1)翻译略

(2)处理各种社会关系